꽃 한 송이,
 그 향기에도
행복했다

꽃 한 송이,
 그 향기에도
행복했다

✿ 머리말

서울에서 약골로 태어나 늘 건강을 열망하면서 살았다. 링겔 병에 들국화를 꽂아놓고 좋아했던 게 여섯 살쯤이었단다. 개나리·진달래·철쭉…, 그저 꽃만 보면 잘라다 꽂곤 했다는데 아마도 화초를 좋아하시던 어머니의 성향을 닮았나보다. 지금도 꽃과 더불어 생활하고 있으니 어머니의 유전자를 이어받았지 싶다.

아옹다옹 삶의 빛깔이 알록달록한데, 내 색깔이 잘 보이지 않는 어느 날이었다. 화려하지 않은 흰 종이와 펜, 그 펜으로 어떠한 글을 써 내려가도 넉넉히 받아주는 수필을 만났다. 얼마나 시간이 흘렀을까? 속내를 훌훌 털어 쓰다보면 어느새 마음속은 따뜻한 온기가 돌았다.

따스한 햇살이 방랑 끼를 부추겨 밖으로 끌어내는 봄에도, 비가 추적추적 내려 가라앉은 마음에 무게를 더하여 눈물이 앞을 가려올 때도, 눈이 시릴 정도로 푸른 하늘이 마음을 흔드는 가을에도, 찬바람이 옆구리를 치면서 심장을 울릴 때도 펜을 들게 하여 나를 잡아주던 수필이었다. 그때마다 마음을 담아 쓴 글을 모아 이에 묶는다. 덤으로 서툰 솜씨의 '꽃 작품'도 곁들인다. 하지만 막상 책을 내려니 입시장에 들어선 소녀의 마음처럼 가슴이 두근거린다.

두 손 모아 눈 감은 채 말한다. "글을 쓸 때나 '꽃 작품'을 만들 때마다 지혜를 주신 하나님께 영광을 올립니다. 그리고 이 좋은 세상에 태어나게 해 주신 부모님께도 고마움을 전합니다."

또한 언제나 묵묵히 도와준 준 남편과 가족에게 '많이 사랑한다'고 아껴뒀던 말도 꺼냅니다. 책을 묶게끔 용기를 주신 오창익 교수님과 시화산방(柿 花山房) 여러 회원께도 감사드립니다.

제가 걸어온 삶의 희로애락을 담은 작은 작품집이오니 가벼운 마음으로 읽어주셨으면 합니다.

2017년 봄
창살에 비추어진 햇살을 받으면서   신 윤선

목차

01 텃밭이 주는 행복

1. 빨간 지갑 11
2. 오늘도 행복하여라 15
3. 마음도 단풍 21
4. 생각하기 나름이다 25
5. 내 손 31
6. 텃밭이 주는 행복 37
7. 손에서 손으로 41

02 특별한 손님

1. 가방 내가 들어줄게 49
2. 특별한 손님 55
3. 여치가 사는 집 61
4. 큰 더미로 남은 그것들 65
5. 맏이 69
6. 비우는 여유 75
7. 황당한 일 79

03 그래서 좋다

1. 고마워서 미안해 87
2. 장 익는 냄새 93
3. 꽃 한 송이, 그 향기에도 행복했다 99
4. 그래서 좋다 105
5. 타래 111
6. 노을이 드리운 가을의 정 119
7. 미우나 고우나 123

04 가슴에서 나는 봄 향기

1. 가슴에서 나는 봄 향기 131
2. 도시락 137
3. 냉면과 어머니 143
4. 집 밥이 좋아 149
5. 외줄 타는 호박 153
6. 징검다리 159
7. 그렇구나, 그렇게 보이는구나 165

05 풍경

1. 걸음아 걸음아 171
2. 마음의 재산 177
3. 공짜의 즐거움 183
4. 부끄러운 발길 187
5. 풍경 193
6. 머피의 법칙에 걸려 199
7. 두더지게임 205

01
텃밭이 주는 행복

빨간 지갑

   빨간 지갑에 손때가 자르르하다, 색깔도 바래서 붉은색인지 주홍색인지 구분이 안 된다. 이십여 년 전 친정어머니가 주신 것이다.
   오늘 모임에서 점심을 사기로 했다. 계산하는데 지갑을 보더니 약속이라도 한 것처럼 합창한다. "아니 이렇게 낡고 찌든 지갑을" 하며 당장 하나 사 주겠다고 말한다. 그동안 이렇게 해서 받아놓은 게 여러 개다.

   카페에서 따끈한 차를 앞에 놓고는 지갑의 사연을 묻는다. 잠시 찻잔을 어루만지고 있다가 무거운 입을 연다. 단돈 한 푼이 아쉬웠던 때가 있었다.
   외출을 자제하며 집에만 있던 나를 친정어머니가 집으로 오라 하셨다. 버겁게 사는 딸에게 맛 나는 음식을 차려 주면서 이런저런 세상살이 이야기로 삶의 의욕을 북돋워 주셨다.
   그런 어머니가 참으로 고맙고 힘이 되었다. 점심을 먹고 귀가를 서두르는 내게 잠시 기다리라는 손짓을 하셨다.

안방으로 들어갔다가 나오시더니, 예뻐서 샀다며 지갑 하나를 손에 꼭 쥐여 주신다. 애들 올 때 되어간다면서 등을 밀어내더니 길가에서 한동안 서서 손을 흔들고 계신다.

  버스 안에서 지갑을 꺼내어 보니 카드, 현금, 동전까지 구분하여 넣을 수 있는 예쁜 지갑이다. 그 안에 만 원짜리 석 장과 메모지 한 장이 들어있다. 조심스럽게 읽어보았다.
  '빨간 지갑이 돈을 불러들인다고 하기에 샀다. 지갑을 줄 때는 빈 지갑을 주는 게 아니라 하더라. 가는 길에 돼지고기라도 사 들고 가거라. 애들이 한 창 먹을 때 아니니'라고 쓰여 있다.
  동생의 여러 번 사업 실패로 어머니도 여의치 않으신데 큰 성의였다. 아마도 명절 때 용돈으로 받으신 것인지 지폐가 깨끗하다. 가라앉은 마음에 무게를 더해 울컥해진다.

  어렸을 때였다. 어머니는 손님이 오셨다 갈 때면 절대 빈손으로 보내지 않았다. "차비 하세요" 하면서 얼마간의 돈을 손에 쥐여 주셨다. 우리네 풍습이었는지, 오가는 여비조차 버거웠던 시절이었는지는 모르겠으나 여하튼 어머니는 꼭 그렇게 하셨다.

그래서 나도 결혼 후 내 집에 어른이 오셨다 가실 때면 어머니가 하셨던 것처럼 그렇게 했다. 친정어머니가 오셨을 때도 슬쩍 몇 푼을 손에 쥐어 드린다. 그러면 너도 대가족과 애들하고 잔돈푼이 아쉬울 터인데 무슨 여비냐고 하면서 다시 내 손에 쥐어 주고 가시곤 했다.

빨간 지갑을 꺼내어 보이면서 그들에게 말한다. "아주 낡고 찌들어 계산할 때 부끄러운 마음이 가끔은 들었지만, 이 안에 어머니의 소중한 사랑이 항상 들어 있기에 지금도 이 지갑을 아낀다.

정말 빨간 지갑이 복을 부르는지 그 후 어려움을 극복하고 지금 이렇게 여유 있는 차를 마실 수 있는가 보다."라고. 하면서 두 손으로 지갑을 가슴에 안았다.

이제 생각해보니 그동안 어머니께 너무 소홀했다는 미안한 생각이다. 이제 뒤늦게나마 어머니께 지갑 하나 선물 해 드리고 싶다는 말도 덧붙인다. 내 손에 지갑을 꼭 쥐어 주시던 그때를 떠올리다 보니 눈앞이 흐려진다.

모두 말이 없다. 차 한 모금으로 목을 적시고는 다시 빨간 지갑을 열어본다. 작은 비닐봉지에 든 만 원짜리 석 장이 아직도 얌전하게 지갑을 지키고 있다.

오늘도 행복하여라

 사는 게 다 그렇지. 작은 웃음에 오늘도 행복이다. 지인이 갑작스럽게 주선한 문학 동아리 모임이다.
 오늘 목적지는 운전대 잡은 지인의 뜻에 맡기기로 하고 차에 오르자, 속내 사건들을 끌어낸다. 지난 응어리들을 풀고자 작정이라도 한 듯 어느새 차내엔 수다로 북적인다.

 요즈음 계속되는 몸살 때문인지 멀미 기운에 그저 나는 두 눈을 감고 여인들의 살아온 얘기에 귀 기울인다. 남편, 자식, 며느리, 그리고 시집살이, 서로의 고단함에 동조해 달라고 안달들이다.
 큰 아픔, 큰 사건인 양 말하지만 그래도 지금은 인생의 한 자락 추억을 웃음으로 덮는다. 나는 동조할 틈새가 보이면 한마디씩 거들며 가다 보니 첫 번째 목적지인 사슴농장에 닿았다.

칠순이 다된 여인은 마당에서 서성이다 우리를 반긴다. 아직도 소녀같이 수줍어하고 지금도 남편이 무섭고 바라보면 설렌다는 말로 큰 웃음을 안겨준다.

옥이가 알뜰히 챙겨온 간식으로 요기하고 점심은 큰언니가 산다는 말에 사슴농장 회장님 호칭을 덧붙여 준다. 그리고 부담 없는 해물 탕을 먹겠다고 한다. 점심을 사는 큰언니만큼이나 푸짐한 해물 탕을 먹고 지인의 친구가 하는 카페로 갔다.

강화길 한적한 곳에 자리한 카페 안은 안락하고 아기자기한 맛이 주인의 눈썰미를 더했다. 한쪽 구석을 보니 액세서리와 양품들이 걸려 있다. 차는 뒷전이고 우리는 이것저것 걸쳐보았다.

마음에 썩 안 든다 해놓고, 상대가 입은 것을 보고는 본인이 입겠다고 살짝 뺏어 든다. 그런 모습이 우습기도 해서 남의 것이 더 좋아 보였냐며 살짝 꼬집어준다. 본인 것 보다 서로 잘 어울리게 잘 샀다면서 칭찬에 큰 인심을 준다.

팥빙수로 입가심 하고 마니산 정수사에 들렀다. 세상에서 찌들은 마음을 정하자며 녹음에 몸을 눕혀본다. 정말 심신이 맑아짐을 느꼈다면서 황산도로 향했다. 산책하면서 사진도 찍고 핀 꽃을 만나면 그

꽃에 맞는 노래도 부른다.

　누군가 시작하면 아는 이 모르는 이 합창을 한다. 참 좋다. 세상살이에선 서로들 경쟁하지만 이렇게 자연에 들어오면 무엇이든 함께 동조한다. 서로 부딪히고 목이타도 배려하며 오가는 말들이 부드럽다.

　저물어 가는 해를 보며 우린 자신의 위치를 적적해한다. 건강하게 살자는 한마디로 토닥여 주면서 저녁까지 해결하자는 제의에 보리밥 집으로 향했다.

　한정식 집으로 착각할 만큼 여러 가지 반찬에 허기진 양 허겁지겁 먹는다. 열심히 먹는 중, 앞에 앉았던 후배 옥이가 일어선다. 아! 순발력 있는 눈치로 일어서려니 무릎이 아프다. 한 다리를 끌면서 한 발 앞선 후배의 팔을 잡고는 서로 밥값을 계산한다고 실랑이를 벌였다.

　그 모습을 보고 있던 주인이 계산되었다는 말로 민망한 가슴을 친다. 서로 팔을 잡은 채 허망한 얼굴을 하곤 자리에 와 상황을 알아보니, 음식점에 들어서면서 바로 큰언니가 계산 하였다는 것이다.

　큰언니는 왜들 저러지 했다며 "맛있게들 먹어" 찡긋 웃는다. 그러면 우린 서로 계산한다고 생색만 냈었냐는 말에 또 웃음이 쏟아졌다.

보리 비빔밥을 뚝딱 하곤 밖으로 나왔다. 다들 양팔 벌려 맨손체조를 하고 있어도 큰언니가 나오지 않는다. 나이 먹어서 궁 뜬다고 안쪽을 보며 빨리 나오라 합창을 하는데 신발이 없어졌다고 이리저리 살핀다. 어디 갔지? 하면서 내 발을 향해 손짓하면서 "그 신 내 것이야" 한다.
  평소에 운동화를 즐겨 신지 않았던 난 얼마 전 운동화를 샀다. 분홍 줄이 있는 것만 보고 신었더니 내 것이 아니었다. 갑자기 마당에서 쉬던 사람들까지 킥킥대며 웃고 우리 일행은 내 실수를 기다리기나 한 듯이 배를 잡고 웃는다.
  나는 얼른 신을 벗어주었더니 내 것이 더 새것이라 좋으니 그냥 바꾸자는 말로 웃음을 더한다. 우리는 한참을 웃고는 아쉬움을 뒤로하고 차에 올랐다.

  오는 차내에서는 더욱 화려해진 웃음보따리로 가득했다. 인심 좋은 큰언니 덕에 점심, 저녁을 배불리 먹었고 갑작스러운 제의에도 마다치 않고 수원에서 달려온 지인과 늘 꼼꼼히 챙기는 후배와 종일 운전대를 잡아 안내해준 친구와 오랜만의 웃음꽃이었다.
  그래 사는 게 별것인가. 이렇게 가끔 내장을 뒤집듯이 웃음으로 오늘도 행복하면 되었지. 다음엔 수원행이란다.

마음도 단풍

단풍잎이 떨어지는 가을 끝자락에 고궁을 찾았다. 이때쯤이면 꼭 한 번쯤 찾는 곳이다. 한 장의 달력이 남겨진 것을 보고 자신과의 저울질에서 수평을 찾는 방법이랄까.

예전에 겨울 전 월동준비라는 일에 버거움이 있었다. 대가족과 겨울을 지낼 챙겨야 할 것이 많았는데 여유롭지도 않았고 모든 게 손에 설어 더욱 그랬었지 싶다.

그래서 답답하고 속이 시끄러워지면 홀로 찾던 곳이 고궁이었다. 혼자 생각에 잠겨 중얼거리기도 하고 웃고 울다가 마음이 추슬러지면 아무 일 없었던 것처럼 일상생활로 돌아갔다. 그렇게 시작된 것이 지금도 가끔 홀로 찾는다.

올 한 해도 많은 일이 있었다. 단풍 든 나무 밑 의자에 앉아 생각을 제자리로 꼼꼼히 챙겨 앉힌다. 소원했던 마음도 안달했던 마음도 정리한다.

 얼마나 시간이 흘렀을까. 차가운 바람이 볼을 스치지만, 어느새 마음속에 단풍이 든다. 그러면 하늘을 올려다볼 수 있는 여유도 자신도 생긴다. 빨간색에서 엷은 갈색이 수채화로 물들여 놓듯 한낮의 햇살에 단풍이 더 곱다. "참 예쁘다." 작은 탄식을 한다.

 살짝 불어대는 바람에 힘없이 잎이 떨어져 날린다. 낙엽 하나를 집어 본다. 손바닥에서 파르르 떨면서 날아가려 한다. 두 손으로 포개어 쥐면서 속삭인다. '꼭 감았던 눈을 뜨고 싹을 내어 무성한 잎으로 여름을 견디고, 고운 빛으로 많은 사람의 눈길을 잡더니 이젠 이렇게 힘없이 떨어졌구나.'라고.

 나 또한 이렇겠지. 예쁘다는 소리 한마디쯤은 들어 본 소녀 시절도 있었고 세상을 다 가질 듯이 큰 기대와 용기도 있었다. 세상 사람들 말에 섞여 정의를 위해 목청을 올려 보기도 했다. 열정을 다해 목적을 달성하기도 했고 웃기도 울기도 참으로 각양각색의 모양새로 삶을 물들여 놓았다.

  이 단풍도 겨우내 웅크렸던 몸을 봄 햇살에 기지개를 켜고 실눈으로 세상을 보았겠지. 그리고 싹을 내고 꽃도 피우고, 무더운 햇살에도 장맛비에도 무심하게 숲을 이루었을 거다.

  사람들에게 그늘로 배려해주고, 성난 폭풍도 다 맞으면서 예쁜 옷으로 갈아입고 다소곳이 우리를 맞아주었다. 그러더니 가을의 끝자락에 부는 바람에는 자연의 순리에 순응하듯이 본연의 색을 끝까지 지키면서 숙연하게 떨어져 나뒹군다.

  주어온 몇 잎을 책갈피에 넣었다. 책을 덮고 정성스럽게 손바닥으로 쓸어준다. 이렇게 단풍은 고운 색으로 떨어져 책 속에서 조용히 기다리기도 한다. 그리고 우리네 마음속에 제 잎처럼 물들인다.

  그래 적어도 이 단풍처럼 만큼이라도 좋겠다. 미풍에도 떨어지는 힘없는 잎이지만 누군가의 책갈피에서라도 간직되어 질 수 있으면 좋겠다. 더 욕심을 내어 본다면 내 마음도 단풍이면 하는 소망이다.

생각하기 나름이다

    모든 일은 생각하기 나름이라는 위로의 한마디. 우울증과 불면증에서 벗어나 오히려 잘된 일이라고 생각한 일이 있다.
    지난겨울에 위의 통증이 심하여 검진 받으러 동네 내과를 찾았다. 뜻밖에 의사는 수술해야 하니 종합병원으로 가보란다. 수술이라는 말이 내 귀에 전해지자 그날 이후부터 우울해지기 시작했다. 입맛도 없어지고 아프지 않았던 곳까지도 통증이 오는 느낌이었다.

    지난해부터 위의 통증을 자주 느꼈고, 가슴이 답답할 때가 있었다. 가끔 아랫배도 끊어질 듯 아픔이 있었고, 속이 뒤집히는 구토증에 심한 현기증까지 왔었다. 그때마다 약을 먹고 과로해서 그러려니 하면서 보냈다.

그러던 중 주위의 권유로 내시경이나 한번 해보고 싶어서 간 것이다. 그런데, 초음파결과 쓸개 밑에 돌이 꽤 크게 들어 있으니 종합병원으로 가보란다.

잔뜩 긴장하며 종합병원 예약 날짜에 맞추어 갔다. 종합병원이라는 곳이 다 그렇지만 진단받는 절차가 너무도 복잡하고 시간이 오래 걸렸다. 결국, 몸살을 한바탕 앓은 뒤 수술 날짜를 잡았다.

마침 일찍 귀가한 남편에게 사실을 얘기했다. 그런데 나도 모르게 설움이 솟는 것이 아닌가. 눈물을 펑펑 쏟으면서 말한다. "남들은 평생을 살면서 수술 한 번 안 해보고 곱게 제 몸을 갖고 살아가는 사람들도 많은데, 나는 이번이 일곱 번째 전신마취 일곱 번." 하면서 서럽게 울었다.

내 설움으로 한참을 울고 나니 머리도 멍해지고 기운도 빠져 그만 침대에 누워 버렸다. 말없이 지켜보던 남편은 조용히 다가와 말한다. "여보~! 당신의 생각을 바꾸어봐. 일곱 번 아니라 칠십 번이라도 수술해서 낳을 수 있는 병이라면 축복이야. 수술 한번 못 받아보고 안타까워하는 사람이 얼마나 많은데, 당신은 행운인 줄 알게나." 하면서 쉬라는 말과 함께 방문을 나간다.

  그러나 그땐 어떠한 말도 위안이 안 되었다. 감정 기복이 심하고, 해질 무렵만 되면 모든 걸 잃은 듯이 더 슬프게 느껴졌다. 낮이고 밤이고 잠도 못 이루었다. 그러다가 수술 날짜가 다가와 입원을 했다.

  그날 저녁 여러 동료가 찾아와 격려의 말을 해준다. 너무 바쁘게 살았으니 휴가받은 거로 생각하란다. 이번 기회에 어리광도 부리며 잠도 많이 자고 수술 잘 받으라는 격려와 쉬라는 말을 한다.

  남편도 거든다. 6번씩이나 받아본 수술이니 7번은 못 받겠냐고. 생각하기 나름이니 의사를 믿고 사랑하는 사람들이 많이 있음을 기억하라 한다. 그러면서 상자 하나를 안기고 간다.

  모두 돌아간 뒤, 남편이 건네준 상자를 열어 보았다. 몇 해 전부터 갖고 싶어 하던 민물진주 목걸이와 보라색 스카프가 들어 있다. 목이 뜨거워져 눈물이 쏟아진다.

  그래, 남편의 말처럼 그렇게 생각하자. 타고나길 약질로 태어나 병치레를 자주 해 왔고 이번이 일곱 번째의 수술이 아니라 칠십 번째의 수술이라 해도 쉬운 수술 아닌가. 쓸개 밑에 있는 돌만 꺼내면 된다는데, 불행 중 다행이라고 생각하자. 지인들의 기도와 배려 덕에 편한 밤을 보내고 수술은 잘 받았다.
 병원으로 찾아온 친우들에게 남편은 농담의 말을 한다. "이 사람이 흑진주가 그렇게도 갖고 싶었나 봐요. 큰 거로 그것도 두 개나 옆구리에 담고 있었더군요. 앞으론 갖고 싶은 것이 있으면 말들을 하면서 사세요, 남편들 놀라게 하지 말고." 모두 그 말에 크게 웃고 갔다.
 그런 남편이 고마웠다. 생각이 긍정적인 남편 때문에 나 또한 긍정적인 생각을 하게 된다. 때론 냉철해서 차갑게 보여 마음이 상할 때도 잦지만 매사에 의연한 남편이 오늘은 고마웠다.
 그래 세상 모든 일은 생각하기 나름이었다. 슬프기만 하여 우울했고 불면증에 시달렸는데, 이번 수술로 인해 긴 휴식도 갖게 되었다. 가족들도 내 자리의 중요성을 깨닫게 되었다 한다. 지금 나는 쉬면서 회복 후의 일들을 계획한다. 아주 여유롭게.

내 손

    여자는 손이 고와야 한다는 말에 항상 의기소침 해 진다. 만나는 사람이 손잡기를 청하면 손을 내밀기가 망설여진다. 못난 내 손, 마지못해 내민 손을 잡은 사람은 누구나 내 얼굴을 다시 쳐다본다.
    여자는 손이 고와야 한단다. 그러나 어릴 때부터 들어온 친정어머니의 말씀은 달랐다. "죽으면 썩을 손 아껴서 뭐하냐. 손이 부지런해야 복이 들어오지." 팔을 걷어붙이고 큰일도 마다치 않고 하던 어머니의 말씀이다.
    그 말씀의 영향인지 성향인지는 모르나 지금까지 손을 아끼지 않았다. 그리고 크림 한 번 제대로 발라본 적이 없는 것 같다. 직업으로 하는 일 또한 가위나 칼로 자르고 다듬는 일이다 보니 손에 물마를 틈이 없었다. 손은 점점 거칠어지고 마디가 굵어졌다. 갈라지고 물집이 생기니 손가락엔 늘 밴드가 감겨있다. 내가 봐도 참으로 못생겼다.

며칠 후에 소중한 분의 지인을 소개 받기로 했다. 앞으로 많은 일에 도움을 주실 분이다. 소문으로 그분은 단정한 외모로 그 사람의 첫인상을 남긴다고 들었다.
　머리는 미용실에서, 얼굴은 화장으로, 의복이 날개라고 해서 이번 기회에 옷도 한 벌 장만했다. 그러나 못난 손을 생각하니 살짝 고민된다. 거친 손을 보고 선입견이라도 생기면 어쩌나 하는 염려가 앞선다.

　친구의 권유로 손톱 다듬어주는 곳을 찾았다. 몇 번을 망설이며 유리창 안을 들여다보다가 용기를 내어 들어섰다. 상담결과는 손톱에 영양제를 써야하며 손도 아주 거칠어져서 시간의 투자도 필요하단다.
　차례를 기다리는 동안 주위 사람들을 살펴보니 손뿐만 아니라 미용에도 꽤 관심을 두고 사는 것 같다. 예뻐진 손을 뽐내듯 앞뒤로 보면서 저마다 개성을 보인다. 그들 손을 보니 내 손이 더욱 부끄러워 내밀기도 싫다는 생각이 든다. 보고 있던 잡지의 내용은 흥미가 없고 마음만 뒤숭숭하다.
　손 다듬기를 포기하고 그냥 갈까. 인제 와서 손이 고와진다고 뭐가 달라지겠는가. 바로 좋아지는 것도 아니라는데. 이런저런 갈등에 얼굴이 달아올라 갈증까지 느낀다. 결국, 눈치를 살피다가 다음에 다시 오겠다는 말을 하고는 밖으로 나왔다.

 지인을 만나는 날이 돌아왔다. 그 날은 손에 크림도 바르고 옅은 매니큐어도 칠하고 나갔다. 지인이 서로의 소개를 하자 그 분은 많은 얘기를 들었다면서 두 손을 내민다. 머뭇거리며 손을 잡자, 내 눈과 손을 번갈아 보며 묘한 표정을 짓는다.
 그때 의기소침 한 말로 "왜요, 손이 좀 거칠지요. 저는 남달리 손의 신세를 많이 지는 쪽입니다."라고 말했다. 그분은 내 손을 그의 두 손 위에 올리듯 잡고는 "저는 이런 손을 존경합니다. 아름다운 손이지요. 예전의 제 어머니 손 같습니다." 한다. 무안했던 마음이 다소 편해진다. 그날 일은 잘 성사되었다.

 며칠 후, 기왕이면 하는 마음으로 다시 네일아트를 찾았다. 유리창 안을 들여다보니 오늘도 많은 사람이 차례를 기다리고 있다. 문을 열고 들어가려다가 주춤! 다시 시장으로 발길을 돌린다. 고운 손은 무슨, 생긴 대로 살지 하면서 주섬주섬 장을 보았다.
 지난번 만났던 손님의 한 말이 떠올랐기 때문이다. '아름다운 손' 그의 어머니는 생전에 불우이웃돕기, 사회봉사 활동 등으로 손이 매우 거칠었단다. 겨울이면 트고 갈라지고 여름에는 물집이 잡혀 늘 손 때문에 성가셔하셨단다.

  내 손을 그 어머님 손에 비유해 준 것은 감사의 말이다. 하지만 내게도 나의 손길과 손맛을 기다리는 가족과 이웃이 있다는 생각이 든다. 장바구니를 정리하며 내일 찾아가 나누어 줄 반찬 통을 챙겼다.

  색다른 반찬으로 가족을 위한 식탁도 차려놓고 남편과 아들을 기다리며 손을 본다. 손가락 가락마다 베인 듯 갈라져 있다. 거칠고 마디는 굵었다. 그래서 가끔은 남에게 보이기를 부끄러워한다.

  하지만 이 손으로 내 가족이 행복하고 작은 나눔이지만 이웃이 풍요함을 느낄 수 있다면, 보람찬 삶의 흔적이라고 생각하자 한다. 내일도 나를 기다리는 그들을 위한 반찬을 준비한다.

  거칠고 못난 손으로 정성을 담아 음식을 만든다. 겨울이면 트고 갈라지고 여름에는 물집 잡힌 손 때문에 성가시지만 내 손맛을 기다리는 사람이 있다는 기쁨을 갖는다.

  그래 오늘 밤엔 앞으로도 신세를 많이 져야 할 고마운 손에 크림이라도 듬뿍 발라주자. 두 손을 소중히 비벼준다.

텃밭이 주는 행복

우리 앞마당엔 행복을 주는 텃밭이 있다. 봄이 시작되면 모종을 사다 심는다. 토마토, 가지, 들깨, 고추, 오이, 호박 여러 푸성귀를 심다 보면 이십여 종은 된다.

아침, 저녁으로 물을 주면 초여름부터 풍성한 채소가 식탁에 오른다. 샐러드와 쌈이 오른 식탁을 보면서 자연이 주는 감사함을 느낀다. 때때로 수확하게 되어 여러 이웃과 나누어 먹을 수도 있으니 그 행복 또한 크다.

장마가 그친 여름 끝자락엔 무씨를 뿌린다. 매일 다르게 잎이 풍성하게 자라고 땅속에는 하얀 무로 앉는다. 동치미도 담고 무청 김치, 무청 볶음, 시래기까지 엮어 놓으면 마음이 넉넉하다.

늦가을이 되면 시금치 씨를 뿌린다. 싹도 트기 전에 참새 떼가 몰려든다. 짹짹거리는 소리 또한 정겹다. 겨울나고 봄을 알릴 때면 파릇하게 시금치가 올라와 달착지근한 맛을 주니 얼마나 고마운 밭인가.

매년 초여름이면 평소에 마음을 달리했던 이웃사촌을 초대한다. 그날은 토속음식으로 정식을 준비한다. 물론 주메뉴는 쌈밥에 된장찌개다.

  그들은 넉넉히 채소를 손에 뭉쳐 먹으면서 '바로 이 맛, 이 향이야.' 하면서 서로 눈을 흘겨본다. 손짓으로 눈 흘기지 말고 감정 있으면 말을 하라며 깔깔거린다. 그래서 옛말이 시어머님 앞에서는 쌈을 먹는 게 아니라 했는가보다고 말하면서 더 큰 쌈을 손에 든다. 풋고추 송송 썰어 넣은 된장찌개로 그날 식사는 마무리된다.

  후식을 먹으며 아이들 진로 문제 남편 퇴직 후의 생활, 그리고 남의 얘기들로 후끈 달아오른다. 늘 느끼지만 남 얘기할 때가 제일 신난다. 남의 진지한 말도 자르고 손을 휘저으며 서로 먼저 하려는 이야기로 온 동네가 들썩할 정도다.

  이때마는 온 시름 걱정 다 잊은 수다스러운 아줌마 그 자체다. 한 참 수다가 끝나면 일어서려다가 텃밭을 향하며 내 얼굴을 본다. 얼른 비닐봉지 하나씩 들려준다. 작은 텃밭에 십여 명이 들어서 서로의 엉덩이를 이리 치고 저리 치면서 채소를 뜯는다.

  덕분에 시내 한 복판에서 친환경 채소를 먹을 수 있어 큰 행복이라고 떠든다. 그 때 난 한마디 덧붙인다. 끓여 먹은 홍삼 찌꺼기로 거름

했으니 홍삼채소라고. 그러면 서로 눈들을 찡긋하며 서로의 어깨와 엉덩이를 밀어내며 몇 잎들을 더 담는다. 어느새 텃밭은 웃음 밭이 된다.

모두 무농약 채소라고 뜯은 쌈들을 들여다보며 저녁은 해결되었다고 좋아한다. 주부들이 늘 걱정하는 것은 끼니 메뉴다. 그러다 메뉴 한 가지라도 정해지면 한 끼의 식사 걱정이 해결되었음에 마음을 가벼이 한다.

왁자지껄하던 이들을 보내고 뒷정리를 한다. 별반 차린 건 없었는데 설거지는 오늘의 수다 만큼이다. 수돗물 소리에 박자 맞춰 콧노래로 흥얼거리며 주방을 마무리한다. 젖은 손을 앞치마에 쓱쓱 닦는다.

잘 먹었다며 들이밀어 놓은 봉지들을 살펴보았다. 고구마, 감자, 과일과 빵 봉지들이 있다. 점심 초대한 것이 민망할 정도로 이웃의 정이 그득하다. 한 줌의 쌈이었다. 한 쌈 쌀 때마다 우리의 정을 싼다. 작은 텃밭에서 한 줌씩 나눈 정이지만 그 행복은 더할 나위 없이 크다.

앞치마를 벗으며 날짜를 뇌어본다. 장마가 오기 전 또 뭉쳐볼까 한다. 그땐 더 많은 지인을 초대해서 숯불구이로 할까 보다. 그 때의 웃음꽃으로 이번 여름도 건강하게 보낼 것이다.

손에서 손으로

 엄마의 손을 잡고 걷던 어린 아들이 주위가 혼잡해지면 깍지 하며 더욱 힘주어 잡는다. 놓치면 안 된다는 다짐 어린 큰 눈망울로 어미 눈을 올려다보면서. 그러던 아들 손이 이젠 제 짝의 손을 잡고 가겠단다.

 새싹이 돋을 무렵, 작은애의 결혼식이 있었다. 대학을 졸업하면 결혼부터 하겠다고 입버릇처럼 말하더니 말대로 행해졌다. 뭐가 급해 형을 앞서 부모의 그늘을 떠나려는지, 하는 대답도 듣기 전 바쁜 나날이 지나고 그날은 다가왔다.
 많은 결혼식을 보았고 지인들의 조언도 들었지만, 이론과 지식은 아무 소용이 없었다. 밤잠을 설친 탓인지 아들을 보내야 하는 마음에서 오는 허전함인지 미열이 느껴진다.

식이 시작되어 사돈의 손을 잡고 앞을 향하면서 나름대로 여유를 부렸지만 어떻게 앞자리까지 갔는지 모르겠다. 사회자의 신랑 입장! 하는 소리에 마음을 다잡고 화면을 보았다. 늠름한 자세로 입장하는 아들을 보니 지난날이 떠오른다.

　늦은 귀가에도 먼저 자리에 누운 어미의 팔과 다리를 주무르며 하루의 일을 보고하고, 얼굴빛이 어두우면 너스레를 떨면서 기분을 풀어주는 마음 씀씀이가 따뜻한 아들이다.
　사춘기 시절을 어려운 환경으로 많은 걸 참으면서도 나름의 행복이 있었다는 말을 들었을 땐 잘 자라준 자식이 고마웠다. 아르바이트해서 받은 첫 월급이라며 엄마에게 다 걸기 하겠다고 옷과 구두, 백, 소품까지 꼼꼼히 챙겨주던 막내였다.

　주례 선생님의 혼인 서약에 힘차게 답하는 아들이 대견했지만 아린 마음이 더했다. 바쁘게 살면서 좀 더 챙겨주지 못한 지난날이 눈물로 젖어 든다. 이제 좀 한숨 돌리고 아들과의 시간을 같이 보내려 했던 내 계획은 물거품이 되었다.

 제 부모에게 인사를 하겠다고 서 있는 아들을 보니 누르고 있던 만감이 큰 덩어리가 되어 목을 메우며 올라온다. 큰절을 하고 안기는 아들 어깨가 오늘따라 더 넓게 느껴진다.

 힘 있게 안아주며 '잘 살아라.' 하면서 내 손에 쥐어있던 아들 손을 놓아야 하는 때가왔음을 알았다. 행진에 맞춰 나란히 나가는 신랑 신부를 보며 내 손에서 며느리의 손으로 넘어가는 아들 손을 바라본다.

 허전함을 기쁨으로 애써 바꿔본다. 이젠 두 손을 모아 하나님께 간곡한 마음을 전하는 일이 앞으로의 내일이구나 하며 깍지 한 손에 힘을 준다.

 어린 마음에도 손을 놓으면 큰일인 줄 알았던 아들이 이젠 어미 손을 놓고 제 반려자의 손을 잡고 새로운 세상을 향해가겠단다. 울컥 쏟아지는 눈물을 누르려니 몸이 파르르 떨려온다. 애써 참으면서 입속을 굴린다. 천성이 착하고 여리지만 강하리라. 어떤 어려움도 극복하고 잘 살아가리라. 그런 아들을 믿고 쥐었던 손을 내어주련다.

아쉬움, 그리고 책임감을 덜었다는 두 마음이 속내에서 소용돌이친다. 그러나 허전함만 있는 건 아니라는 생각이다. 겁 많던 아들 손이 며느리의 손으로 넘어가 하나의 가정이 세워지고 가장으로 어른이 되었다는 대견함도 있다.

그렇게 위안하며 아들에게 몇 마디 전한다. '아들, 이제 잡은 아내의 손을 꼭 잡고 넓은 세상을 보아라. 세상을 살다가 엄마의 손이 그립더라도 잘 참고 견디어 내어라. 사노라니 그렇더라. 숙제를 하고 나면 또 숙제가 생기고 숙제는 늘 밀려있더구나. 그러나 인생이 다 그런 거지 하며 잘 살아라.

그러다가 그래도 이 어미의 손이 필요하면 SOS 보내렴. 언제든 이 손을 선뜻 내어 꼭 잡아주마.' 그렇게 전한다. 아들 가슴에.

02
특별한 손님

가방 내가 들어줄게

"어머나 친구야 이게 얼마 만이니, 보고 싶었다." 우리는 길가에서 남의 눈총도 아랑곳없이 얼싸안으며 이리 보고 저리 보며 큰소리로 반겼다.

가끔 가슴 한편에서 아지랑이 피어오르듯 아련히 생각나던 친구였는데 만남이 이루어졌다. 누군가를 애타게 그리워하면 만나게 된다는 설이 맞았다.

모임이 있어서 한껏 멋을 내고 명동으로 나갔다. 점심 후 상가에서 이것저것 걸쳐보고 써보고 많은 사람 속에서 유행을 따라보았다. 젊은 애들이 즐기는 팔찌를 사고 모자도 샀다. 애들처럼 청춘들의 틈새에서 한창 기분을 내어 보았다.

한숨 돌리자며 붐비는 명동 복판을 벗어나 카페로 가고 있는데, 맞은편에서 한 여인이 양손에 물건을 든 채 무겁게 걸어오고 있다. 낯설지 않아서 보고 또 보는데 그도 나를 보며 갸우뚱한다.

걸음을 멈추며 주춤하자 그녀가 말을 건네 왔다. "혹시 M 초등학교 졸업생 아니세요?" 그녀의 웃는 모습에서 어렴풋이 기억이 났다.

요즘 들어 유난히 생각나던 친구 S라는 것을. 체면치레도 없이 서로 얼싸안고 큰 웃음을 내면서 한바탕 해후를 맛보았다. 일행에게 양해를 구하고 친구와 카페로 들어가 빙수를 시켰다. 얼음을 강판에 갈아 팥과 미숫가루를 얹어 먹던 초등학교 시절로 돌아가 얘기꽃을 피웠다.

그녀는 지금 척추 대수술로 걷는 게 불편하고 집안일도 힘들어 무료한 생활을 한단다. 하도 답답하여 바람이나 쐬러 나왔는데 필요한 물건들이 많아서 샀다며 펼쳐 보인다. 가방 하나 들기도 버거운 몸인데 주섬주섬, 주책 아니냐고 하면서도 보따리를 끌어안는다.

참으로 바지런하고 정의롭고 배려 많은 친구였다. 어머니께서 작은 밥집을 하셨기에 일을 도와야 한다며 또래와 어울릴 시간 없이 하굣길을 재촉했던 그녀다.

그러던 중에도 수술을 받은 후 활동이 어려워 체육 시간이면 교실을 지키는 내게, 교실 문을 마지막으로 나가면서 콩 볶음 한 줌 손에 쥐어 주기도 하고 수업이 끝나기 무섭게 자리로 와서 가방 정리를 도와주 곤 "가방 내가 들어줄게"하며 집까지 바래 다 준 일이 많았다.

그땐 걸음걸이만 좀 이상해도 수군거리고 놀리곤 했다. 가방을 메고 들고 한 손으로 내 손을 잡고 집으로 향하다 보면, 어떤 친구는 S 친구 에게 귓속말로 한마디 하며 앞질러간다. 그러면 신주머니로 냅다 등 을 치곤 친구 놀리면 안 된다고 톡 쏘는 말을 한다.

그리고는 내 등을 토닥이며 곧잘 걸을 수 있을 거라고 용기까지 주 면서 느린 내 걸음 보를 맞추며 데려다주었다. 갈래머리로 딴 모습 이 잘 어울리던 예쁜 소녀가 착하다면서 우리 집에서 많은 사랑을 받 았다.

집안 사정이 좋지 않았던 것 같다. 내가 입학하는 중학교를 부러워 하며 가는 버스 편까지 알려주고 헤어진 것이 마지막이었다. 종종 동 창들에게 안부를 물었지만, 소식을 아는 사람이 없어 늘 궁금했던 친 구였는데 참 반가운 만남이다.

시간 참 빠르다. 자주 연락하자는 말을 남기고 일어서려는데 도와달라고 손을 내민다. 부축하여 세워주곤 "가방 내가 들어줄게" 하니 멋쩍게 웃는다.
　"이젠 너 건강해 보이는구나. 옛날에 네 책가방 들어다 준 일 생각나니?" 묻는다. "그때 네가 너무 약해 보여서 가방을 들어다 줘야겠다는 생각도 있었지만, 그 덕에 네 어머니가 직접 만드신 빵도 먹을 수 있었지." 어깨를 들썩이며 웃는다.

　친구와 전철역을 향해 걸었다. 수술 후유증 인지 몸집이 커서인지 뒤뚱거리면서 걷는 걸음이 느리다. 지나는 사람들의 시선이 느껴졌다. 팔을 끌며 걸음을 재촉하니 친구가 말한다.
　멋쟁이 친구가 저 때문에 모양새 구겨진다고 잡은 팔을 빼면서 괜찮으니 그냥 돌아가란다. 뜨끔했다. 달아오른 얼굴을 들킬까 봐 빠르게 친구의 목을 감싸 안고 또 보자는 말을 하고는 뒤돌아오는 길을 서둘렀다.

오는 차 안에서 내내 속이 편하지 않았다. 괜찮으니 가라는 말 한마디에, 때는 이때다 싶게 돌아선 내 속내를 내게 들켜버린 게 화끈거린다.

　돌이켜 생각해보면 나는 그 친구의 도움으로 집에 가는 길이 편했고 든든한 길동무였다. 걸음걸이가 불편한 나를 놀리는 친구들을 제압해주면서 내 마음 다칠까 봐 보듬어 주었었다.

　그랬던 그녀를 불편한 몸에 보따리도 있었는데 전철 안까지 데려다주지 못한 내 행동이 너무 야속했다.

　잘 들어갔는지 몹시 궁금했지만 전화를 못 했다. 밤새 자신의 행동에 대한 채찍으로 날밤을 보냈다. 즐겁고 반가운 하루를 어둡게 맞이하는 나 자신을 쓰다듬어 본다.

　그래 날이 밝아오면 전화를 해야지. 미안하다는 말은 말아야지. 구실을 만들어 만나자는 말을 하자. 그리고 그때는 그녀가 갖고 싶은 것들을 맘껏 사자.

　그리고 전철 안까지 '가방 내가 들어줄게.' 출발하는 전철 앞에서 웃는 손을 흔들어줘야겠다.

특별한 손님

   사람을 집 안으로 들이기를 좋아한다. 남들은 내게 불편해하는 것을 즐긴다고 말한다. 그래 나는 손님을 맞이하는 것을 즐긴다.
   이것저것 음식을 만들면 덕분에 가족들도 먹을 수 있고 더구나 외출을 즐기지 않는 내 성향이기도 하다. 일 외엔 외출이 나에겐 매우 노곤한 일이다. 꾸미고 차리고 나갔다 오면 힘들어하는 건 내 에너지 부족인가 보다.

   오늘은 특별한 손님이 온다. 이틀 전부터 구석구석 먼지도 닦고 위험한 물건들은 치우고 서랍도 테이프로 붙였다. 탁자, 의자, 책상의 먼지도 다시 확인하면서 걸레질을 한다. 음식도 어른용 아이용 설레는 마음으로 준비한다. 조금 있으면 도착할 손님, 만나기 전 챙기고 차리는 이 기분은 마치 예전에 남편과 연애하던 시절을 방불케 한다.

예정시간보다 좀 늦게 벨이 울린다. 엘리베이터를 타고 오는 동안도 기다리지 못하고 현관 앞에서 서성인다. 저층에 사는 것을 새삼 다행으로 생각하면서 벅차오르는 마음을 누른다.
 한 층씩 올라오는 층의 불이 바뀔 때마다 고개를 끄덕인다. 이렇게 애를 태우며 기다리고 흥분되게 하는 손님이 엘리베이터 문이 열리자마자 내 팔에 안긴다. 오랜만에 보았는데도 잊지 않았는지 목을 두 팔로 꼭 감싼 채 목덜미에 제 얼굴을 묻는다. 포근함과 사르르 녹아내리는 강한 맛을 주는 손자 민준이다.

 안고 있어도 보고 싶은 손자는 십 여분쯤 지나서야 얼굴을 들고 내 눈을 본다. 아이도 저를 그리워하고 애타게 기다렸음을 알듯이 언제나 폭 안기어 흥분된 마음을 그렇게 가라앉혀준다.
 이제 첫 돌 지나 아장아장 걷는 게 앙증맞다. 뭐라 알아들을 수 없는 말도 계속한다. 어려도 제 뜻과 감정을 표현하는 것도 참으로 신통하다. 어느새 현관부터 꽃밭이 되어 집 안 전체는 꽃동산으로 변한다.

제 기분이 상승하면 기저귀를 찬 둔한 엉덩이를 상하로 들먹인다. 빙빙 돌면서 어지러워 쓰러지기도 하고 빨래바구니에 들어가 앉다 넘어지기도 하고 하는 짓마다 웃음을 더해준다. 저도 신나는지 '까르르' 아기의 건강한 웃음에 거실엔 기쁨이 넘친다.

집에서는 잘 안 먹는다는 밥도 내가 해 놓은 밥을 잘 받아먹는다는 말에 돌아가서 먹을거리도 준비한다. 아들이 좋아하는 과일 피클도 담고 며느리가 좋아하는 도라지무침과 된장국도 챙겨놓는다. 더 해 줄 것이 없나 살피고 또 챙겨본다.

한동안 재롱을 부리더니 졸음이 오는지 등에 가 업어달라고 한다. 아이 때문에 잠이 부족한 아들 내외를 편히 쉬라고 방으로 들여보내고 남편과 밖으로 나왔다. 얼마 전부터 팔을 올리지도 못하게 아팠는데 오늘은 통증도 모른다.

오랜만에 본 어른들 앞에서 기분 내어 재롱 보인 것이 피곤했는지 업자마자 얼굴을 묻고 잠이 든다. 등에 봄이 온 듯이 포근하고 따스하다. 남편과 상가 쪽으로 걸어가다 보니 유아복 점이 보인다. 우리는 자석에 끌리듯이 들어갔다.

참 예쁜 옷들이 많다. 아이 옷값이 어른 옷 뺨친다. 그래도 남편은 옷 두 벌 양말도 넉넉히 들고는 더 필요한 것 보라고 하면서 싱글벙글 계산한다. 웃음이 나온다.

지난 주말에 남편과 양말을 사고자 아웃도어 점을 갔었다. 무슨 양말이 이렇게 비싸냐고 하면서 그냥 나와 노점에서 파는 양말을 샀다. 손자 양말 한 켤레 값이 다섯 켤레는 살 수 있었다.

우리는 픽 웃으면서 앙증맞은 양말을 다시 꺼내본다. 저녁을 먹은 후 잠든 아이를 데리고 아들 내외가 갔다. 이것저것 늘어놓은 것을 치우고 뒷설거지를 하고 나니 노곤하다. 남편도 한참 동안 큰 웃음과 즐거움에 에너지가 고갈되었는지 안마기에 몸을 맡긴다.

한나절 찾아준 행복을 위해 이틀 전부터 바빴고 돌아간 뒷일에 시원섭섭한 마음을 마무리한다. 보고 있어도 보고 싶은 손자. 늘 애잔한 마음으로 보게 되는 아들 내외. 그들은 큰 손님, 특별한 손님이다.

여치가 사는 집

　집 안에 여치가 산다. 어느 날 베란다의 화분에 물을 주는데 뭔가 톡 튀어 간다. 손가락 한마디쯤 크기인 여치였다. 언제 어디서 어떤 경로를 통하여 들어오게 되었는지는 모르지만 신기할 따름이다.
　가끔 아파트 옆 생태공원에서 여치를 본다. 그런데 그 여치들이 우리 집에 들어오기란 쉬운 일이 아니다. 요즘 아파트는 창문과 방충망 시설이 잘되어 있다. 아마도 지난 초봄에 사들인 화분에서 월동한 알들이 부화한 것 같다.
　신기하기도 하고 관상으로 여치를 키우는 사람도 있다기에 그냥 두기로 했다. 여치는 다른 곤충과 달리 빛깔이 투영하고 생김새가 참 예쁘다. 그런 여치가 스스로 찾아왔으니 예사로운 일은 아니다.
　가족들은 신기한 일이라며 조석으로 식물 어디에 앉아있나 찾기를 한다.

그리고 한 달 때쯤 지났다. 화분에 물을 주다가 깜짝 놀랐다. 여기저기에 새끼여치가 앉아 있다. 어림잡아 십여 마리는 되는 듯하다. 찾아온 지인들도 너무 놀랍다고 눈길을 팔면서 연신 카메라 셔터를 눌렀다.

　그런데 어느 날 화초를 보고 깜짝 놀랐다. 옥잠화, 사랑초, 아글라오네마의 연하고 넓은 잎들이 여기저기 구멍이 숭숭 나있다. 마치 파편이라도 맞은 것같이 무척 초라하다. 그대로 두면 며칠을 버티지 못하고 다 죽어버릴 것 같았다.

　가족들과 이런저런 궁리를 하다가 모두 밖으로 내보내 주기로 의견을 모았다. 죽어가는 화초도 문제지만 힘이 없는 여치들의 생명도 온전치 않을 것 같았기 때문이다. 저들도 풀숲으로 돌아가야 건강하게 살 것 같았다.

　그 후 보이는 족족 창문 밖으로 날려 보냈다. 포르르 날아가는 여치가 신기하다. 떠나기를 아쉬워하는 여치도 있다. 창틀에서 날 생각을 안 하다가 후 불어대는 입김에 못 이겨 풀 섶으로 날아간다.

그 후 한동안 보이지 않더니 또 여기저기에 나타났다. 화분에도 방에도 거실에도 다 내보낸 것 같았는데 어딘가에 앉아 있었나 보다. 이번엔 아쉬움이 있어 두어 마리 남기고 다시 창밖으로 날려 보내주었다. 조롱의 새같이 잘도 날아간다. 작은 한 마리는 창문틀에서 톡톡 튀더니 휙 날아간다.

　아쉬운 마음을 떨쳐버리려고 여치가 먹어치운 화초의 잎들을 잘라냈다. 물을 듬뿍 주었더니 잎이 날아가는 여치만큼 생기가 돈다. 화초도 살고 여치도 제 환경에서 살고, 좋은 일을 해낸 듯 기뻤다.

　시골도 아닌 도심의 아파트에서 여치를 보니 얘깃거리가 많다. 이웃에게 사진을 보내니 모두 신기하단다. 여치 보러오겠다는 사람도 있다. 그런데 며칠째 남겨둔 여치가 보이지 않는다. 우리 집이 좋아 혹시나 날려 보낼까 해서 꼭꼭 숨어버린 것은 아닐까.

　상춧잎도 먹는다 해서 한 포기 사다 놓았다. 내년 봄에는 그것들이 즐겨 먹는 연한 식물을 넉넉하게 심어 보려 한다. 구멍을 숭숭 내며 여기저기 죽은 듯이 앉아 있기도 하고 톡톡 튀는 모습을 은근히 기대해 본다.

큰 더미로 남은 그것들

 더위의 끝자락을 식히는 비가 내린다. 처서 지난 지도 오래다. 유난히 길고 힘겨운 여름이었다. 더위에 지친 꽃대들의 모습이 쓸쓸하다.
 지난봄, 긴 겨울을 지낸 앞마당은 휑했다. 아직은 스산한 바람에 손끝이 설지만, 삽으로 흙을 뒤집어주었다. 호미로 흙을 잘게 부수며 텃밭 가장자리엔 꽃씨를 심고 안쪽엔 여러 가지 푸성귀와 오이, 호박, 가지도 심었다.
 단비에 쑥쑥 자란 오이 넝쿨엔 주렁주렁 넉넉함이 달렸다. 쭉쭉 뻗어 나가는 호박 넝쿨도 담장을 넘어 전봇대까지 타고 올라갔다. 짙은 보라 지붕을 그늘 삼아 열린 가지도 탐스럽다. 올망졸망 달린 토마토는 풍성함을 이루었다.

서울 토박이인 서툰 도시인 농부지만 올해엔 아주 흡족한 수확을 올렸다. 지나는 사람들의 발길을 잡아 추억을 남겨주고, 여러 푸성귀로 인심도 나누었다. 백일홍, 봉숭아, 분꽃들은 나비와 벌들을 불러들여 매일같이 음악회를 열었다. 텃밭 가족들은 그렇게 아침마다 이웃집들의 창문을 열게 했다.

　그러던 그들이 가을을 맞이했다. 말라가는 꽃잎 사이로 송알송알 씨앗이 옹골차다. 성질 급한 놈이 눈에 들어온다. 먼저 떨어진 씨앗에서 또 한 생명을 피운 꽃이 있다. 여리지만 키 큰 꽃대들 사이에 내민 얼굴에서 생명력을 느낀다.

　오이, 가지들의 잎은 말라 줄기만 즐비하고 야채들도 웃자란 대에 씨앗을 맺은 채 말라있다. 전봇대까지 올라탄 넝쿨엔 외줄 타는 호박만이 덩그레 달렸다. 늦은 점심을 먹은 후 장갑을 끼고 나가 마른 대를 뽑아 지친 어깨를 눕혔다.

　한 줌씩 잡아 가위로 잘랐다. 잘리는 마른 줄기에서 만감이 함께한다. 이마의 땀을 씻으며 눈을 들어 하늘을 보았다. 해가 담벼락을 넘어서는 걸 보니 저녁이 되었나 보다. 잘려 쌓아진 큰 더미를 바라보며 저들의 짧은 생을 본다.

저들이 봄에 싹을 피웠을 땐 각색의 아름다움으로 한 생명의 존재감을 알렸다. 세상사에 각박해진 마음에 음악을 안겨주기도 했다. 숨 막히는 더위에도 향내로 자신의 존재감을 잃지 않았다.
　소나기와 세찬 바람에도 굴하지 않았다. 힘겨운 세월에 꺾이고, 퇴색되고 주름진 잎으로 남았지만, 후세를 기약하는 씨앗을 맺었다. 그리고 제 몸을 썩혀 새 식물의 영양이 되어주려 큰 더미로 남았다.

　일년생인 식물도 제 몫을 다하고 간다는 것을 본다. 그런데 긴 세월을 살아온 나는 어떤 생을 살아왔으며 앞으론 어떤 희생으로 후세에 부끄럽지 않을 수 있을까? 오늘따라 한여름 동안의 추억과 수확의 기쁨을 주고 시들어진 대들이 커 보인다. 그것들 앞에 안일하게 살아온 내 모습이 부끄럽기까지 하다.
　이제라도 내 손이 필요한 곳을 더 찾아 나서야 하지 않을까? 늦은 건 아닌지. 지금이야말로 생각과 행동을 함께 할 적기가 아닌가 싶다. 그래 손과 발이 의지대로 움직여질 수 있을 때 발길을 재촉해야겠다. 텃밭에 쌓인 그것들처럼 그 누군가의 필요한 손길이 될 수 있는 곳을 찾아서 말이다.

맏이

맏이로서 가끔은 힘들고 외로워 내려놓고 싶은 때가 있다. 그러면서 맏이니까 라는 의무감을 아들에게 대물림하는 내 모습은 뭘까.

입춘이 지나고 우수도 지났는데 눈발이 날린다. 바람도 불어 창밖으로 보이는 소나무가 세차게 흔들린다. 궂은 날씨로 몸도 흐리고 마음속에도 진눈깨비가 내린다.

지난 설 때 큰애에게 '맏인데' 하면서 책망하듯이 책임감을 주었던 말이 계속 목에 걸려있다. 스산한 마음을 주체 할 수 없어 무심히 흐린 하늘만 보고 있는데 아들에게서 전화가 왔다.

언제나 대화는 예, 아니요 단답형이다. 말과 행동이 똑 부러져서 때론 어렵고 가끔 서운한 생각에 탓을 할 때도 있다. 그러나 속정은 깊고 배려하는 마음도 넓어서 맏이가 맞는구나 하고 대견해한다. 그리고 항상 미안함과 아린 마음에 눈물짓게 하는 아들이다.

지금은 저 뜻한 것이 있어 독립해있다. 연락이 뜸해 궁금하던 차에 안부 전화다. 어깨와 목이 아파 고생하는 엄마에게 침술원을 소개한다고 세심한 설명을 해준다. 나이 들어갈수록 자식이 의젓해 보이는 시각은 그만큼 약해졌다는 현실인지도 모르겠다. 의지하는 마음이 틈틈이 생기는 자신을 부정해 보기도 하지만 이렇게 전화 해 주는 아들이 고맙다.

　지금 생각해 보면 큰애를 맏이라고 믿고 의지한 게 5살 때부터였다는 기억이다. 말과 성장발육이 유난히 빠른 큰애한테 동생을 잘 돌보거라, 네가 동생의 거울이다. 그러니 행동도 말도 공부도 뭐든지 모범이어야 한다. 형이니까 그래야 한다고 가르쳤다.
　큰애는 말귀도 잘 알아들었고 손끝도 야무졌다. 그런 아들을 다 자랐다고 믿고 싶었던 모양이다. 두 아이를 데리고 목욕탕에 가면 아이 먼저 씻겨 내보낸다. 그러면서 큰애한테 동생 잘 데리고 잠깐 기다리라고 한다. 잠시 후 나와 보면 동생 옷을 입히고 제 물건을 챙겨놓고 손을 꼭 잡고 앉아있다. 다섯 살 어린아이가 두 살 된 동생을 안고서.

아들은 깔끔한 성격이라 언제나 정리정돈도 잘했다. 어릴 때부터 각자의 일을 알아서 해 준 덕분에 집안일이 쉬웠지만 대가족 살림을 하면서 힘이 들 때가 있었다. 그때, 작은애가 잘못하면 어리니까 하면서 넘어갔다.

그러나 큰애는 작은 잘못이라도 하면 채찍이 가해졌다. 그저 꼬투리가 생기면 시집살이에서 오는 모든 화를 애한테 풀었지 싶다. 잠자는 큰애를 보면서 자책의 눈물도 많이 흘렸다는 기억이다.

아들이 중학교 입학할 때, 이젠 정말 어른이 되었다는 생각이 들었다. 교복을 입은 큰애를 보노라니 그동안 어미 행동에 대한 미안함이 앞선다.

사춘기에 접어든 아들가방에 회개하는 장문의 편지를 넣었다. 며칠 후 저녁 밥상에서 "엄마 다 알고 있었어요. 고된 시집살이의 반응이었지요." 한다. 그 말에 아들을 안고 서럽게 울었다.

초등학생인 어린아이가 그런 분위기 파악을 하면서 조심하고 눈치 있게 잘 참아주었다는 사실이 아팠다. 어른들 사이에서 너무 빠른

철이 들었는지 가끔 생각지 않은 말을 해서 대견함과 멍해지는 가슴이 될 때도 있다.

 대학을 졸업하고 공부를 더 하고 싶었다는 것도 얼마 전에 알았다. 분명 그때 권유는 했었는데 아들은 사회 생활하다가 필요하면 알아서 해보겠다더니 이제 제힘으로 하겠다는 말을 들었을 때 어미로서 너무나 미안했다.
 아들의 마음을 진즉 알아차리지 못한 우매한 엄마였다는 자책이 이런 날에는 더욱 강해진다. 형이니까 맏이니까 하는 말로 양보와 배려를 가르치면서 제 위치를 각인시켜왔다. 큰애에게 부담을 준 것은 아닌지 하는 무거운 생각이 오늘도 나를 괴롭힌다. 그러면서도 기대려 하는 이 마음은…….

비우는 여유

　빈 곳은 무엇인가를 채울 수 있다는 여유가 있어 좋다. 복잡했던 냉장고와 수납장을 정리하니 여유 있는 공간이 생겼다.
　냉장고 안에는 지난가을부터 준비해 둔 나물, 장아찌, 김장김치, 이것저것 꽉 차 있다. 손님 치루기를 즐기는 내 성향을 아는 지인들이 보내준 농산물도 많다. 채워 놓으면 언제든지 해 먹을 수 있다는 든든한 마음에 그랬다.

　겨울이 지나고 나른한 봄 탓인가 냉장고 속이 갑갑해 보인다. 반쯤 남은 김치는 작은 통으로 옮기고 얼려 둔 나물도 내어 담가놓는다. 밑반찬으로 해놓은 장아찌도 이집 저집 생각하면서 나누어 담아놓았다.
　수납장도 열어보니 물건이 가득하다. 그릇은 일 년에 한 번을 써도 필요하다는 생각에 끌어들인 비품이 많다. 버린 뒤엔 꼭 쓰임새가 있기에 아껴두다 보니 묵은 세간이 쌓였다.

정리를 좀 해야겠다는 생각에 이것저것 내어놓다 보니 한 번도 써 보지 못한 것도 있고 한번 쓰고 넣어둔 것들도 여러 개다. 아쉬움에 다시 뒤적이면서 살핀다. 낭비였다는 생각이 든다.

어릴 적 어머니의 살림살이가 떠오른다. 집안에 경조사가 있으면 밥상, 광주리, 그릇, 접시, 칼, 도마까지 빌려오고 빌려주던 모습이다. 물품이 넉넉하지 못한 터라 당연한 풍습이었지 싶다.

다음날 빈 그릇이 오갈 때는 부침이 서너 장이 담겨있기도 하고 두부나 묵 한모, 그리고 떡 한 조각이 담아져 있다. 그저 넉넉하지 않은 음식이지만 빌려 간 그릇의 대가라기보단 정성 어린 마음을 나누는 그릇이었다. 부족해도 채우지 않고 나누는 모습이다.

그런데 요즘은 모든 물건이 풍부하기도 하지만 아쉬운 소리 하기 싫은 독립적인 마음이 있어서인지 서로 빌리고 빌려주는 일은 보기 어려워졌다. 그저 남들이 있으면 나도, 남들이 사면 나도 그렇게 사들이다 보니 집안의 공간은 여유가 없이 가득 차 복잡하다. 이런 삶 자체가 물욕이 아닌가 싶다.

  나 또한 그렇게 살아왔다. 채워도 허기진 욕심으로 세상과 지치도록 싸우며 살아간다. 그래 봐야 몸과 마음은 상처로 남고 마음의 여유 없이 살아온 흔적으로 병원이나 드나들며 사는데 말이다. 늘 지나고 나서야 깨닫고 후회한다.

  그러나 이젠 내려놓고 비우기를 해보려 한다. 냉장고도 창고도 정리하고 무엇보다 속내에 가득 차 있는 물욕을 정리해 보려 한다. 늦기 전 마음의 곳간에 가득 쌓여있는 탐욕의 산물을 정리해야겠다.

  내가 하기 쉬운 방법부터 찾는다. 마음의 짐부터 갈무리한다. 그리고 그 빈자리에 사랑과 인정의 양식을 채우는 데 힘을 다해 보련다. 냉장고에서 얼려놓았던 것들은 녹이고 말려 두었던 나물들도 불려 삶는다. 욕심내어 잔뜩 담아둔 밑반찬들도 나누어 담는다.

  그리고 그동안 정작 고마웠던 지인들을 불러 모아야겠다. 소박한 밥상에 둘러앉아 한 술씩 나누면서 비워둔 가슴속 작은방 한 칸을 훈훈한 정으로 채워 보기로 해야겠다.

황당한 일

 창작수필에서 야유회(고요수목원)가 있는 날 황당한 일이 있었다. 마땅한 바지가 없어 동네 양품점에서 싸고 편안한 거로 한 벌 사 입고 약속장소로 갔다.
 도착해보니 여기저기 준비물들이 늘어져 있다. 한쪽으로 짐을 옮겨놓기로 했다. 여러 번 옮기다 보니 땀도 나고 힘이 들었다. 마지막 짐을 간신히 들어내리는 순간인데 바지 밑이 미어지는 느낌이 왔다.
 뒤를 대충 훑어보는데 아뿔싸! 나는 혼쭐이 난 사람처럼 화장실을 찾았다. 마침 실과바늘이 있기에 어떻게 해결해 보려고 바지를 내려 보니 상황은 심각했다. 삼복더위가 한 번에 밀려오듯 훅! 땀이 흘렀다.
 바지는 미어진 게 아니고 손 하나 들어갈 만큼 그냥 뚫어져있는 것이다. 원단도 얇은 데다 바느질이 잘 못 되었던 것 같다. 싼 게 비지떡이라더니.

벌써부터 지치고 오늘의 일이 막막하다. 우선 등에 멘 가방끈을 늘려서 엉덩이 부분을 가려보았다. 집행부인데 해야 할 일은 마음에서 멀어지고 거울만 있으면 뒤태를 보았다. 혹시 스카프나 점퍼라도 있을까 둘러봐도 없다. 남자분 중에 점퍼를 입은 사람이 눈에 뜨이긴 해도 부탁하기엔 어려운 사람이다.

　상황마다 진땀 나는 일들이 다가오다 보니 은근히 열도 나고 매사에 예민하다. 오늘따라 받아야 할 회비도 여러 가지고 준비해온 기념품이나 다과들도 나누어 줘야 하는데 난감하다.

　도움을 요청할 수밖에 없다는 생각에 버스 안을 둘러보았다. 야무지게 생긴 여자 한 분이 눈에 뜨인다. 이름표를 보니 K. 그녀는 흔쾌히 간식과 선물을 잘 배분해 주었다. 기념품도 주어야 했지만, 그냥 앞자리로 앉았다.

　긴장되고 기동력 없어진 스트레스였는지 멀미가 나기 시작한다. 속이 울렁이고 진땀이 난다. 바삐 움직이는 사무국장이 계셨지만 난 염치 불고해야 했다. 그러니 바늘방석이다.

두 시간 소요되는 목적지를 지루하게 도착했다. 토요일라 많은 차량이 붐비는 바람에 20여 분 걷는 곳에서 하차했다. 걸으면서도 뒤가 신경 쓰여 얌전하게 걸으려니 걸음은 늦었고 등덜미의 땀은 허리춤을 적신다.

　음식점에서도 기동력을 제대로 발휘하지 못하고 어영부영하는데 여기저기서 회비 받으러 오란다. 종류별로 받은 회비를 적어야 하고 확인을 하면서 가방을 메었다 내려놓았다 분주하다.
　그런 모습이 안타까워 보였는지 앞에 앉은 H가 가방 맡아 줄 테니 회비 잘 받으란다. 거듭 사양하는 내게 돈 가방이라 그러냐고 믿고 맡기란다. 가방을 당기는데 기겁을 하면서 엉덩이에 걸쳐 덜렁거리는 가방을 메고 이리저리 분주하게 다녔다.
　의심이 참 많은가 오늘따라 왜 저리 불안해 보이고 어디 아픈지 걷는 것도 불편해 보인다고 뒤에서 저들끼리 말하는 소리가 가끔 들린다. 그렇게 혼비백산으로 일정을 마쳤다.

일행이 차에 오르자 남은 간식거리를 나누어 주고 자리에 앉아 사무국장 눈치를 살폈다. 밥도 제대로 못 먹어 허기졌는지 빵 하나를 먹고 있다. 나도 빵 한입 먹다가 사무국장에게 상황 설명을 했더니 그런 일을 모르고 회비만 챙기고 꾀부리는 줄 알았다고 한다. 큰 추억을 만들었다면서 호탕하게 소리 내어 웃는다.

 버스 안에 있던 사람들은 좋은 하루였다고 수고했다는 말을 아끼지 않는다. 민망한 마음을 감추려고 차창 밖으로 눈길을 피했다. 평소에 잘 입지 않은 바지 하나 대충 샀다가 낭패를 만난 기분을 긴 한숨으로 푼다.

 다음날 그 사건의 바지를 아예 밑이 확 트인 스커트로 바꿔왔다.

03
그래서 좋다

고마워서 미안해

 살아가면서 고마운 사람이 있다면 그 또한 행복이라 생각한다. 길을 걷다가도 떠올리면 가슴이 따뜻해지고 콧등이 시큰해지는 사람. 그 사람에게 이제야 고마웠다고 그래서 미안하다고 말한다. 너무 오랜 시간이 지난 이제야 마주할 수 있는 여유를 내어서 말이다.

 누구나 살다 보면 넘어야 할 산과 험한 길을 걷게 된다고 한다. 그래야만 인생의 연륜도 쌓이고 내공도 생긴다고 한다. 하지만 현실로 내 앞길에 큰 산이 막혀 넘어야 할 힘이 없어졌을 때는 어떠한 말도 도움이 안 되었다. 그래서 마음을 닫아버리고 두문불출 하던 시절이 있었다.
 그때 내 마음이 열리고 기대어도 괜찮지 하는 힘이 되어 준 L을 만났다. 친구의 이웃사촌이었다.

어느 날 마음 둘 곳을 못 찾고 두 손만 마주 비벼대고 있는데 연락이 왔다. 미용실인데 속 끓이지 말고 말벗하면서 머리 손질하게 오란다. 답답하던 차에 잘되었다 싶어 바로 미용실로 갔다.
　여인네 들은 머리 손질을 하면 마음이 산뜻해지고 변화된 모양새에 작은 자신감도 생긴다. 며칠째 끓이던 잡념들이 잘리는 머리와 함께 떨어진다. 시끄럽던 속도 가라앉는 느낌이다.
　반나절이 지나고 나서야 끝나고 나오려는데, 그녀가 좋은 일이 있었다면서 미용비도 계산하고 점심도 사겠단다. 그리고 마트에 들러 먹을거리도 푸짐하게 장도 봐주었다.

　그랬다. 그녀는 만나면 장도 봐주고 구차한 이런저런 얘기도 들어준다. 그래서 돌아올 때는 친정 언니를 만나고 오는 기분이다. 그뿐만이 아니었다. 중, 고등학교에 다니는 두 아이 단과반도 보낼 여유가 없어 애를 태우고 있는데, 공부도 한때라면서 애들 학원비 하라고 목돈을 선뜻 내어놓았던 사람이다. 그게 너무 고맙고 미안해서 거절해야만 했던 일들이 주마등처럼 지난다.
　그렇게 많은 것을 받기만 하다가 아쉬움 없이 살 수 있는 여유가 생겸음에도 통화조차 자주 못 했다. 바쁘다는 이유로 어영부영 그렇게 시간이 흐른 얼마 전, 새 달력을 받아 기념일을 메모했다.

첫 장 달력에 생일이라고 적혀지는 사람, 그녀의 이름이다. L이라고 적고 동그라미를 그리는 손이 미안함에 떨린다. 헛기침으로 메어오는 목을 풀고 전화기를 들었다. 오랜만에 전화선을 타고 들리는 목소리가 반갑다.

잘 지내고 있는 내 소식을 들었다는 그 말이 나를 더욱 미안하게 한다. 무슨 말로도 속내를 감출 수 없어 얼굴 보자는 말로 얼버무리고 전화를 끊었다.

며칠 후 만남의 장소로 나갔다. 여전히 여성스럽고 은은한 향기를 내는 조용한 모습이다. 나이 차이는 적다. 그런데 사는 게 다 그렇지 하는 인생 달관한 사람처럼 배려심이 늘 여유 있다. 변명조차도 아량으로 받아주는 그녀에게 오늘은 내가 점심을 산다고 했다.

점심 후 차를 마시면서 회포를 풀었다. 그동안 만나지는 못했어도 마음은 서로 이어지는 통로가 있었는지 대화는 끊이지 않았다. 후일을 약속하고 돌아오는데 마음의 무게가 조금은 가벼워진 기분이다.

다음 날 늦은 오후에 후배에게서 전화가 왔다. 너무 하기 어려운 얘기라면서 서론이 길다. 몇 마디에 그 마음과 입장을 알아차렸다. 얼마나 말 꺼내기를 망설이면서 전화를 들었다 놓았다 했었겠는가.
　예전에 그녀가 내게 했던 것처럼 흔쾌히 후배의 부탁을 들어주었다. 내 힘들었던 얘기를 꺼내면서 속 끓이지 말고 조만간 만나서 밥도 먹고 살아가는 얘기나 하자고 했다. 후배가 말한다. 고맙고 미안하다고. 그 말에 가벼운 웃음이 나온다.

　창밖을 내다보니 가는 눈발이 바람 따라 춤을 춘다. 따라서 내 마음도 리듬을 탄다. 그녀에게 잘 들어갔느냐고 전화를 한다. 사랑도 은혜도 내리는 것인가, 그녀가 내게 배려했던 마음을 앞으로는 어느 누군가에게 흉내 내면서 살아 보겠다고 조심스럽게 말한다. 그리고 너무 고마워서 미안하다고 전한다.

장 익는 냄새

직장에서 돌아온 아들이 집 안에서 무슨 퀴퀴한 냄새냐고 문을 열어젖힌다. 그런 아들한테 이 냄새를 맡고 살아야 건강에 좋은 거야. 네가 좋아하는 장이 익는 냄새란다.

얼마 전에 담가 둔 고추장, 된장, 간장 냄새가 베란다에서 솔솔 코를 자극한다. 햇빛을 받아 잘 익으라고 뚜껑을 열었다 닫았다 하기를 조석으로 한다. 주택에 살았을 땐 마당에 장독을 두었는데 아파트로 이사하니 햇볕이 드는 곳은 베란다뿐이다.

화분 받침대로 장독대를 만들었다. 옷걸이를 벽에 붙여 설치해 화분 걸이로 하여 추위에도 잘 견디는 식물도 키운다. 어언 두 해가 지나자 장독대와 푸른 넝쿨 식물들이 늘어지고 꽃을 피우다 보니, 제법 어우러져 보기 좋다. 작은 베란다를 이리저리 구상하면서 스스로 만족해한다.

가끔 찾아오는 이들도 베란다의 작은 장독대를 보며 그들도 돌아가 꾸며보겠다면서 사진도 찍는다. 그리곤 뚜껑을 열어서 고추장, 된장, 간장을 손가락으로 맛을 본다. "아, 맛있다. 이래서 들어올 때 장 냄새가 났구나." 한다. 자주 환기를 시키지만 아마도 장 익는 냄새가 우리 집 안에 배인 게 아닌가 싶다.

　차 한 잔을 들고 베란다로 간다. 장 담그던 옛날을 그려본다. 가을이면 큰 솥에 콩을 푹 삶아 절구에 찧어 메주를 만들었던 모습이 손에 든 찻잔에 펼쳐진다. 잔치라도 하듯 동네 아줌마들이 모여 함께한다.
　큰 솥에서 익은 콩을 건져 놓으면 한 줌씩 쥐고 먹는다. 너른 마당에서 절구에 콩을 잘 찧으면 마루에 마주 앉아 메주를 만들 땐 또 어떤가. 찧어놓은 메주를 손으로 뭉쳐 먹으면 얼마나 고소하고 입에 착 붙었든지. 배탈 난다고 그만 먹으라는 어머니의 눈길을 피해 한 줌 뭉쳐 방으로 들어와 먹곤 했다.
　만들어진 메주를 방이나 광에 볏짚으로 깔고 죽 늘어놓고는 곰팡이가 필 때까지 기다렸다가 새끼줄로 처마 밑에 달아 놓는다. 그러면 메주 뜨는 냄새가 집 안에 그득 했다.

그뿐이랴 청국장 만든다고 방 아랫목에 솜이불로 덮어 놓은 시루에선 콩 뜨는 냄새가 코를 막을 정도로 진했다. 그래도 그 냄새가 싫지 않았다. 어린 나이에도 그러려니 했다. 가장 소중한 음식 재료였기 때문이다.

그러나 요즈음엔 음식문화가 발달해서 대부분 시장에서 사다 먹는다. 음식이든 일이든 기본과정이 있어야 하는데 완성된 음식만을 요구하는 바쁜 시대가 가끔은 내 손을 허전하게 한다.

아들도 된장찌개를 좋아한다. 매콤한 고추장도 좋아한다. 그러면서도 장 익는 냄새는 싫다고 사다 먹자 한다. 그래 아들 말대로 사다 먹으면 담가둔 장이 변하지는 않을까 신경도 안 쓰고 편한 건 안다. 하지만 아직은 손끝에서 나는 깊은 장맛을 놓기엔 아쉽다.

이 장 담그기를 익히는 내내 얼마나 여러 번 실패를 거듭했었는가. 때론 짜고, 어느 땐 너무 싱거워 벌레도 생겼고, 같은 방법으로 하지만 매년 장맛은 달랐다.

그러기를 여러 해. 친정어머니, 시어머님에게서 듣고 보고 배운 경험이 이제 손에 익어 맛을 내는가 싶은데! 아들은 필요한 만큼 사다 먹자 한다.

  그런 아들을 보면서 내 앞으로 얼마 동안 더 장 담그기를 할지는 모르지만 할 수 있을 때까지는 하겠다고 의지를 말한다. 된장찌개로 저녁밥을 먹고 난 아들은 "어머니가 힘들어하실까 그래요. 이젠 많이 먹는 것도 아닌데요." 하면서 자리를 뜬다.

  아들의 뒷모습을 바라보며 "이제야 너희가 좋아하는 손맛이 나는데" 하면서 행주를 들고 베란다로 간다. 몇 개 안 되는 장독을 닦으며 다음에 담글 양을 가늠해본다. 묵을수록 맛 나는 장은 좀 더 많이 해놓아야지.

  나도 편히 살고는 싶지만 아직은 내 손으로 장을 담가 나누고 싶고 유난히 된장국을 좋아하는 아들, 며느리도 집에 들르면 돌아가는 손에 한 통 들려줄 수 있으니 말이다. 사다 먹는 것 보다 어미의 손맛, 아니 사랑의 맛을 좋아할 테니까.

  며칠 후에 장 얻으러 온다는 지인을 생각하며 뚜껑을 열어본다. 잘 익은 장맛을 보면서 그 냄새에 숨을 길게 들이킨다.

꽃 한 송이, 그 향기에도 행복했다

"웬 꽃다발! 얼마 주었어요?" 결혼 초 몸살 난 아내를 위해 약봉지와 안겨주는 다발을 건성으로 받으며 한, 그 말 한마디 때문에 그 후 난 꽃다발을 받지 못했다.

새로운 환경이 낯설어 힘에 부쳐 누워있던 아내를 위한 마음의 표시를 무심하게 그저 현실적인 말로 받았다. 내 직업이 꽃을 소재로 작품을 만들어 내는 일이다 보니 계산을 앞세운 게다. 지금 생각해도 겸연쩍은 웃음이 나온다.

꽃다발 하니 생각나는 친구가 있다. 오래전, 국민학교(초등학교) 졸업할 때다. 식이 끝나고 삼삼오오 모여서 기념사진을 찍으려고 K 친구를 찾는데 보이지 않았다. 찾아보니 미끄럼틀 밑에서 훌쩍이고 있다.

이유를 물은즉, 아버지가 종이꽃을 안겨주기에 심통을 내었더니, 대신 국화 한 송이 사다 주셨단다. 그래서 토라져 도망쳐 있다는 것이다. 달래서 사진은 찍었지만, 그날 이후로도 친구는 아무리 형편이 어려워도 막내딸 졸업식에 꽃다발 하나 못 사주는 아버지가 융통성 없어 보였다고, 돌아가실 때까지 꽃다발의 한을 얘기하며 살았다.

그리고는 지금 후회의 말을 한다. 꽃 한 송이가 친구들 앞에서 창피해 아버지를 원망하였는데 그 한 송이 꽃이 아버지의 땀이고 딸을 향한 최선의 정성이었다는 것을 이제야 알게 되었다고 한다.

건축 노동일을 하면서 다섯 남매 키우느라 허리띠 졸라매며 배워야 산다는 신념으로 자식을 위해 열심히 사셨다. 몸이 불편해도 자식들에게 누가 될까 병든 사실을 알리지도 않다가 치료가 늦어져 돌아가셨는데, 그 아버지 영전에 제 손으로 드릴 수 있는 것도 꽃 한 송이였다고 슬퍼한다.

지금은 재배기술이 좋아서 색색이 아름다운 꽃이 우리 눈에 들어온다. 그러나 우리네 초등학교 졸업식 때 만해도 꽃이 그리 흔하지 않았다.

꽃다발이라야 꽃 몇 송이에 동백 잎 달린 가지를 묶어 놓은 게 고작이었다. 한 송이에 빨간 리본을 단 꽃을 들고 사진을 찍었다. 그것조차도 없이 졸업장 통만 들고 기념사진을 찍은 친구들이 있었다.
　그 친구는 요즈음도 꽃을 받아본 게 언제인지 모른다고 한다. 애교 많고 소녀 같은 친구에게 말한다. "받으려 말고 주어보라"고. 조만간 만나서 꽃시장을 가자고 했다. 추석을 앞두었으니 딸을 사랑하시던 아버지 묘소에 놓아드릴 꽃을 사자고 했다.

　그러고 보니 나도 무심했다. 꽃을 좋아하는 성향은 부모님을 닮지 않았나 싶다. 어릴 때 부모님은 잔병치레하는 딸의 방에다 뒤뜰에 피어난 꽃을 사이다병에 꽂아 놓아 주었다.
　주전부리와 꽃 한 송이를 누워있는 딸의 가슴에 안겨주기도 했다. 향기가 너무 좋다고 맡아보라면서 잠시라도 아픔의 통증을 잊게 하려는 방법의 하나이기도 했다.
　앞마당 한가운데도 뒷마당에도 꽃이 많이 피었던 기억이다. 봄이면 매화, 여름이면 장미와 백일홍, 가을이면 국화와 백합. 어머니는 꼭 한 송이 꽃을 꽂아 놓으신다.

한 송이라서 더 예쁘고 귀하게 보인다면서 말이다. 나의 큰 딸도 하나, 이 꽃처럼 예쁘게 자라서 건강하고 행복한 사람이 되었으면 하는 소원이라고 말씀하셨다.

그래 돌아오는 명절에는 꽃을 사 들고 아버지의 묘소에도 놓아드리고 어머니 방에도 큰 송이로 한 송이 꽂아드려야겠다. 한 송이라서 더 귀한 그 향기에 행복해 하는 어머니의 모습을 떠올려본다.

그래서 좋다

　가끔 만나도 말을 아끼지 않고 늘어지는 얘기로 떠들썩한 그녀들. 속내를 뒤집어도 개의치 않는 여인들. 그 어떤 말에도 함께 울어주고 그리고 배를 쥐고 웃을 수 있는 사람. 그래서 좋다.
　쇼핑하다가 예쁜 물건을 보면 생각나는 사람. 음식을 하다가도 문득 떠오르는 사람. 좋은 먹을거리를 먹어도 분위기 좋은 찻집을 가도 간판을 눈여겨보고 약도를 익힌다.
　이렇게 늘 생각나는 그녀들과의 만남이다. 연극, 영화도 보고 쇼핑도 하면서 문화생활을 함께 즐기는 여인네다.

　오늘도 막내 L이 영화 예매와 맛집을 안내한다. 영화를 관람하기 전에 간단한 요기를 하자고 식당을 갔다. 언제나 탁월한 선택이었다고 맛있다고 막내에게 칭찬을 아끼지 않는다.

식사 중에 그리도 급했는지 다투어 가방을 열어 보인다. 막내부터 푸석거리면서 사탕을 내어놓는다. 에피소드까지 생길 만큼 커피와 버터 맛이 어우러져 맛 좋은, 모두가 좋아하는 사탕이다.

　주고 싶어서 미리부터 사놓았다며 보온병과 영양 크림을 보이는 둘째. 그리고 주섬주섬 모자며 목도리며 내놓는 예쁜이. 음식을 먹다 말고 좋아하는 색으로 고르고 사진도 찍고 법석이다.

　나도 여행지에서 사 온 스카프와 액세서리를 내어놓는다. 누구 하나 욕심 없이 서로를 배려하면서 고른다. 작은 선물에도 그저 좋다고 하면서 큰 웃음으로 행복한 시간을 이어간다.

　팔찌는 취향대로, 스카프는 옷매무새에 맞춰 매고 걸치고 사진을 찍는다. 화장품이든 모자든 여기서는 욕심을 내지 않는다. 양보하고 챙겨주면서 행복을 즐긴다.

　후식으로 빙수를 먹기로 했다. 마침 창가에 자리가 나서 앉았다. 좋은 만남엔 행운도 따르는지 물총축제가 거리에서 있단다. 젊은 청춘들이 서로 쏘아대면서 음악에 맞추어 몸을 흔드는 모습이 참으로 신났다.

무슨 횡재의 구경이냐면서 사진을 찍어 가족들에게 보낸다. 맛난 빙수도 먹고 흥겨운 축제도 보고 오늘은 행운의 날이라고 서로 손을 잡고 흔든다.

　잠시 후 흠뻑 젖어 음악에 맞추어 춤추는 이들 사이를 빠져나와 쇼핑몰로 들어섰다. 약속이나 한 듯이 막내에게 선물을 사주자는 합창을 한다. 예쁜 운동화를 샀다.
　그리고 내겐 지나간 생일 선물이라고 분홍색 란제리를 선물하겠단다. 언제부터였는지는 모르겠다. 그저 주면 기꺼이 받고, 필요로 하면 사주고 그런다.
　마음을 저울질하지 않고 지갑 열기를 망설이지 않는다. 모두 넉넉하지는 않지만 마음 가는 대로 그렇게 한다.
　그래서 좋다. 이렇게 만나면 아낌없이 마음을 열고 어울리는 무엇인가를 보면 입히고 매주고 그렇게들 한다.

　그들은 내게 언니라 부른다. 이 모임에서 제일 큰언니다. 세 살 아래인 P, 직장을 다니고 힘들었던 사정이 있었음에도 마음이 넉넉한 밝은 사람이다.

  막냇동생 벌인 O, 건장한 아들을 두었음에도 아직도 아가씨처럼 예쁘고 착한 사람이다. 그리고 띠동갑인 막내 L, 무엇이든 알아서 잘하는 눈치 빠르고 언니들이 부끄러울 정도로 가슴이 넓은 사람이다. 나이 차이가 있지만, 모두가 공유되는 그리고 말이 통하는 친구다.

  좋은 일에는 호탕하게 기뻐해 주고, 슬픈 일에는 실컷 함께 울어주고 들어주는 그런 친구. 만나면 가는 시간이 아까워지고 보고 있으면 큰 웃음이 나와 행복을 제조한다.

  그래서 다음 만남을 기다리게 하며, 귀가하는 길이 늘 아쉬워 뒤돌아보고 뒤돌아보는 그런 친구. 그래서 좋다. 오늘도 많이 행복하다. 그래서 좋다.

타래

흔히 고부(姑婦)간을 엉킨 타래에 비유한다. 그러나 풀리지 않는 타래는 없는 법. "미워서가 아니었다. 내 가슴에 앉힐 여유를 주지 않았던 네가 힘들었었지."라는 시어머니의 한마디 말로 긴 세월 얽혔던 매듭 술술 풀려 내렸으니.

그래서 "장독을 깨는 며느리가 깨지 않는 며느리보다 예쁘다"는 말이 있는가 보다. 일찍이 그 뜻을 마음으로 읽지 못한 아쉬움이 남는다. 가을바람이 나이를 느끼게 해준다. 어느덧 불혹을 훌쩍 넘어섰다. 그래서인가, 삶이 무엇인지 그 속이 보이기도 하고, 풀리지 않을 타래는 없다는 생각도 한다.

21년 전, 한 남자와 사랑에 빠졌다. 사랑이 전부는 아니라는 어른들의 말씀도 내 귀에는 마이동풍(馬耳東風). 결혼은 곧 천국이라 생각했다. 혼인을 하고 여행길에 올랐다. 제주의 호텔에서 첫날밤 남편의 부탁은 이러했다. "눈물을 흘릴 일이 생기거든 내 품에서 흘려라. 어려움과 괴로움이 있을 때는 내 사랑에 의지하라."

그뿐만이 아니었다. 여행에서 돌아온 딸에게 친정 부모님의 부탁도 있었다. "시댁의 가풍을 따르고 시부모님을 공경하라. 남편에게 순종하라.

사회생활을 한다 하여 집안일에 소홀해서는 안 된다." 이 부탁들은 내 가슴에 잘 새기어졌다. 실천만 잘하면 그것이 곧 칭찬이고 행복이라 생각했다.

그러나 건강한 체질을 갖지 못하고 태어난 내게 맏며느리는 버거운 시작이었다. 결혼의 단꿈은 시어머님의 곱지 않은 시선으로 깨어져 가고 있었다. 음식은 소태와 같고 씀바귀 같다고 한다.

빨래도 같은 세제, 같은 방법으로 삶은 속옷들인데 왜 구별되어지는 건지 알 수 없다. 욕조에 던져진 빨랫감을 다시 비벼 빨 때마다 아프고 한스러운 눈물이 흘러내렸다.

열심히 살면서 떡두꺼비 같은 두 손자까지 안겨 드렸는데도 가시 같은 미움은 식을 줄 몰랐다.

서러움은 야속으로, 그 야속함은 미움으로 커져가고 있었다. 사람이 사람을 미워하고 사랑하는 남편을 낳아주신 어머님을 미워한다는 거, 이게 무슨 업보인가 싶었다.

내 처지를 딱하게 여긴 남편과 시댁 식구들의 배려는 남달랐다. 하지만 시어머님의 따가운 시선을 극복하기에는 너무나 힘겨웠다. 두 아들이 유치원을 들어갈 때쯤엔 소화제와 두통약을 달고 살아야 했다.

일을 마치고 올 때, 멀리서 집 지붕만 보여도 가슴은 벌떡거렸다. 초인종을 누르는 검지는 파르르 떨렸다. 한창인 삼십 대의 얼굴은 거울이 두려울 정도로 스트레스에 찌들어가고 병원을 찾는 일이 잦았다.

안색이 변해가는 아내의 모습에 남편은 안 되겠다 싶었는지 가족을 모이게 했다. 화해의 자리를 마련해 준 것이다. 나는 남편의 배경만 믿고 응어리진 한을 풀듯이 두어 시간 정도 후련하게 쏟아냈다.

하지만 어머님의 반응은 예전보다 더했다. 세상에 둘도 없는 아들을 제 치마폭에 감아쥔 여자. 시동생 시누이를 제 편으로 끌어간 여자.

사회생활 좀 한다 하여 시부모 깔보는 여자라는 생각에는 변함이 없었다.

골은 더욱 깊어져 마침내 어머님은 가출이란 시위로 나를 더욱 수렁으로 몰아넣었다. 같은 일이 서너 번 반복 되자 이성이 흐려지고 하찮은 감정에도 흔들리기 시작했다.

그때 우연인지 기연인지 남편의 사업도 흔들리고 큰 인사사고가 연이어 일어났다. 받을 건 온데간데없이 사라지고 주어야 할 것만 태산처럼 쌓였다. 자금 사정은 위축되고 이로 인해서 부도를 내야 했고, 사업과 가사는 파산지경까지 이르렀다.

이제는 감정싸움이 아니라 생존의 위협에 무릎을 꿇어야 하는 현실에 부딪쳤다. 감정은 뒷전, 갈등과 원망 따윈 하릴없는 불장난과 같은 것이었다.

뒤늦게 깨달음을 주신 하나님께 감사하며 나는 무엇이든 해야 했다.

자존심과 체면에 과중을 두었던 자신을 접어두고 강의, 세일, 출장 요리사도 흔쾌히 받아들였다. 일을 끝내고 남은 음식을 가져오면 두 아들에겐 훌륭한 끼니와 간식이 되었다.

아이들은 커가고 가세는 더욱 힘들어졌다. 나는 재기를 위해서 피곤함은 잊고 살아야 했다. 그러자, 나를 보시는 시어머님의 눈도 점차 부드러워지셨다. 실패와 가난을 극복하기 위해 은연중 고부간은 한마음 한뜻이 되어갔다.

이제는 어려움을 극복하고 남편은 잃었던 모든 것을 하나하나 되찾아 가고 있다. 가화만사성이라고 고부간의 화합이 남편의 성공 길에 다시 들어서게 했다. 위기감으로 깨달음을 주시고 화해의 마음을 열게 하신 하나님께 재삼 감사했다.

월세에서 전세로 이사하는 날이다. 오랜만에 집들이라는 명목으로 그동안 왕래를 거부했던 시댁 가족을 초대했다. 문턱을 낮춘 것이다. 그날 시어머님은 오랜만에 다정한 두 눈으로 내게 다가오셨다.

그리곤 두 손을 잡고는 "얘야, 두 손자 잘 키워주어 고맙다. 네가 미워서가 아니다. 내 가슴에 앉힐 여유를 주지 않았던 네가 힘들었다. 그간 마음고생이 많았지? 잘잘못 따지지 말고 훌훌 털어버리자." 마주 잡은 손등 위에 눈물이 주르륵 떨어졌다. 속내까지 얼었던 살얼음이 녹는 말씀이었다.

타래 115

그랬다. 며느리로서, 아내로서, 엄마로서, 최선을 다하려고만 했다. 미흡한 게 사람이라는 걸 모르고 안간힘을 썼던 내가 어리석었다. 엉킨 실타래와 같은 고부간의 감정을 푸는 데는 어려운 공식이 없었다.

부탁하고 의지하는 며느리에게 어머님은 다시 마음을 열기 시작한 것이다. "장독을 깨는 며느리가 깨지 않는 며느리보다 예쁘다"는 말이 맞았다. 그저 독을 깨는 며느리가 되면 어머님은 그 조각을 맞추시는 역할, 그러면 되는 것이었다. 자존심을 끌고 다녔던 내 모습을 가을의 문턱에 와서야 깨달은 것이다.

어머님과 함께 엉킨 타래를 풀면서 두 아들을 바라본다. 그리고 효도 교육은 부모가 생전에 계실 때 적기라는 옛 어른들의 말씀을 떠올려 본다.

노을이 드리운 가을의 정

　구부정한 노부부의 등에 노을이 일렁인다. 해 질 무렵이면 습관처럼 2층 테라스로 나가 길 가는 이들을 살핀다.

　오늘도 조심스레 발맞추며 천천히 다가오는 부부가 보인다. 집 앞을 지나 돌아서 계단을 오르면 산책코스이며 쉼터인 작은 산이 있다. 고개는 한쪽으로 기울이고 입술을 움직이며, 한 손은 45도 각도로 접어 올리고 한발은 간신히 끌어당기며 걸어오는 그 부부에게 무언의 인사를 건넨다. 그 부부는 집 앞을 지날 때 꼭 위를 올려다보면서 나와 눈을 맞춘다.

　그 모습이 내 눈에 익숙해지기까진 참 오래다. 이목구비 또렷하고 깔끔하게 정돈된 매무새는 단정함이 엿보인다. 그 옆엔 훤칠한 키에 수려한 외모를 지닌 든든한 노신사가 아내를 부축해서 함께 걷는다. 처음엔 그저 몸이 불편해진 부인과 산책하는가 했다. 그렇게 무심히 보아 넘기기를 여러 달이다.

언제부터인가 서로 눈이 마주치면 끄덕 해 보이며 '안녕하세요.' 인사를 한다. 그런지 서너 해가 된 것 같다. 이젠 인사의 표정으로 그들의 속내도 읽는다. 매일 보는 인사는 고개만 끄덕이고, 하루 거르게 되면 별일 없었느냐는 뜻으로 눈을 껌뻑인다.

　그러기를 몇 년 지나자 그들 부부에 대해 알게 되었다. 남편은 군 장교였고 부인은 여걸이었단다. 그러던 어느 날 집안의 충격적인 일로 부인은 혈압으로 쓰러졌고 한쪽 몸이 마비되었다.
　군인가족으로 살면서 고생만 시켰다고 생각한 남편은 모든 일을 접고 부인의 재활을 도우며 살아온 지 7년이 되었다. 나이 들어갈수록 부부의 정만 한 것이 없다고 느낀 남편의 의지로 그 부인은 매일 걷기 운동을 한다.

　늦더위 가을이다. 뒤뚱! 한 걸음 하고 한 박자 쉬고 힘겨운 발걸음을 옮기며 오는 모습이 보인다. 나는 재빨리 시원한 냉차를 두잔 타서 얼음까지 동동 띄어 "더운데 시원한 냉차 한잔 드시고 가세요." 하며 권했다.
　노신사는 아내의 이마를 손등으로 쓱 닦아주곤 자신의 이마도 어깨에 문지르며 닦는다. 건네주는 잔을 받아 아내의 입에 대어주곤 한쪽 입술 사이로 흐르는 냉차를 닦아준다. 그리곤 아주 천천히 잔을 비우고 얼음 한 알을 입에 물리고는 자신도 단숨에 잔을 비운다.

목말랐던 차에 고마웠다고 말한다. 이미 땀에 흠뻑 젖어 지친 그들을 향해 "더위에 힘드시죠? 힘내세요. 꼭 좋아지실 겁니다."라고 했다. 부인은 두 눈을 찡긋하며 남편의 눈을 본다. 노신사는 "이제 나이도 있고 지는 가을 해인걸요." 하면서 부인의 머리를 쓰다듬으며 애정 어린 눈으로 웃는다. 그리곤 뒤뚱거리는 부인을 부축해서 천천히 걸어간다.

저만치서 뒤뚱! 한 박자 쉬며 힐끗 뒤돌아보고는 조심스럽게 걸어간다. 젊어서는 서로의 정서가 맞지 않아 부부의 인연을 끊어보려 했었던 적도 있었단다. 자식들 보고 살아야지 하며 살아왔으나, 자녀들 장성하고 손자 손녀들까지 두었어도 부부만 한 정은 없다고 한다.

나이 들어서 서로서로 사랑하며 다정하게 사는 것이 행복이란다. 오늘도 노신사는 아내를 부축하고 천천히 걸어간다. 저녁노을이 노부부의 희끗희끗한 머리에 물들어간다. 그 부부의 등 뒤에서, 노을이 드리운 가을의 정을 읽는다.

미우나 고우나

　권위적이고 지극히 보수적인 사람. 그 모습이 남자답다고 좋아서 가정을 이루어 두 아이의 부모가 되었다. 그런데 작은 일 하나로 너무 미워했던 일이 있었다.
　지난 가을이다. 남편은 건강을 위해 등산을 하기로 했다고 장비를 준비해야 하니 함께 쇼핑하잖다. 내심 신이 났다. 모든 운동을 힘들어하는 나는 등산을 좋아한다. 이번에 등산복 한 벌 준비할 기회가 왔다고 생각했다.

　남편에게 이왕이면 좋은 거로 사라고 선심을 써주며 소품까지 골라주었다. 눈치를 보다가 여성복 쪽으로 발길을 옮기려는데 피곤하니 얼른 가자면서 계산대 쪽으로 가는 것이다. 그리곤 물건을 챙겨서 따라오라 손짓하더니 주차장을 향해간다.
　기회 포착하려던 내 마음이 들킨 것 같기도 하고 목적을 성취하지 못해 서운했다.

며칠이 지나도 그날 일을 곱씹게 되었고 서운한 마음이 쌓여 미움으로 변해갔다. 틈만 나면 시집살이했던 과거 일을 꺼내면서 투정을 부렸다.
　불평은 하면 할수록 더 늘어갔고, 말은 하면 할수록 더욱 거북한 언어로 변해간다. 그러다 보니 대화는 단절되어가고 무관심 속에 집안 분위기는 서늘해졌다. 남편은 다소 불편을 호소하면서 눈치를 보았지만 노여움은 점점 더 기승이다.

　보름쯤 지났나 보다. 큰 쇼핑백 하나를 들고 남편이 일찍 귀가했다. 손수 차까지 끓여서 놓고 얘기하잖다. 독단적이고 보수적이며 표현에 약한 성격을 모르느냐고 사랑하는 마음 하나는 그 누구보다도 깊고 넓다고 너스레를 떨면서 말한다.
　그 날은 피곤했었고 그로 인해 이렇게까지 서운해할 줄은 몰랐다고 등산복 사 왔으니 마음 풀고 입어 보라 한다. 내미는 등산복을 보니 노여움이 복받치며 눈물까지 났다.
　어차피 해 줄 거였으면 기분 좋게 해 주지 뭐하는 거냐고 차갑게 말하면서 등산복을 휙~! 현관 쪽으로 던졌다.

그리고 또 보름이 흘렀나 보다. 침묵은 계속되었고 집안 공기는 점점 차갑게 돌았다. 가을 전시회로 몸도 많이 지쳐있었고 쉬고 싶다는 마음에 종일 뒤척이며 시간을 보냈다.

해 질 무렵, 답답한 마음을 풀고자 집 근처 작은 산에 올랐다. 크게 심호흡을 하면서 저 멀리 하늘을 보니 아파트 사이로 저무는 해가 보인다. 마지막 매달려 있던 나뭇잎도 바람에 떨어져 발 등위를 뒹굴어 간다.

그 모습을 보고 있으려니 내 안에 있던 행복, 그 행복도 지는 해처럼 저물어 가는 건 아닐까. 저 나뭇잎처럼 떨어져 뒹굴고 있는 건 아닌가. 선뜩 등이 추워져 오는 것 같았다.

그래 권위적이고 지극히 보수적인 남자. 그게 매력이라고 느껴 내 인생을 의지했던 사람이다. 그래도 내 허물 다 감싸 주며 무조건 내 편이 되어주었던 사람이 아니었던가.

내게 향했던 관심이 좀 부족했다고 너무 속 좁게 남편을 내밀었나 보다. 가족을 위한 뒷바라지들이 왜 희생이라고 느끼는가. 내 만족이었고 내 행복이었음인데. 고해성사 하듯 자신에게 책망하였다.

그때 주머니 속에서 퇴근을 알리는 남편의 전화가 온다. 조금은 차분하게 부드러운 목소리로 귀가를 재촉했다. 남편의 환한 얼굴이 전화기 위에 그려지고 있다.

이어서 아들의 전화도 연달아 온다. 모두 같이 저녁 먹자는 말 한마디에 둘 아들은 "야호!"라고 소리친다.

그래 내 마음 하나 넉넉히 가지면 모두가 평온해 지는데, 급히 집으로 향한다. 아늑함이 나를 반긴다. 앞치마를 걸치며 주방으로 갔다. 미우나 고우나 평생을 함께할 사람인데 오늘 저녁은 남편이 좋아하는 된장찌개와 고등어구이를 준비해야겠다. 아들이 좋아하는 고기도 좀 구워야지. 그동안 행복을 내치며 사치를 부렸던 자신이 부끄럽다.

04
가슴에서 나는 봄 향기

가슴에서 나는 봄 향기

배려는 여유 있다고 하고, 없다고 못 하는 것이 아니라는 생각이다. 넉넉한 가슴으로 다가서는 마음이 필요하다는 것. 나도 그분처럼 그러고 싶다.

오래전부터 꿈꾸어온 일이 있었다. 40여 년을 더불어 온 꽃과의 생활, 그리고 힘들고 외로울 때, 기쁘고 행복할 때 그저 내 얘길 들어준 수필. 이 둘의 조화를 펼쳐볼 방법을 찾는 중이었다.

글과 어울리는 꽃 작품을 남겨보고 싶었으나 생화를 다루어야 하는 부담, 그리고 소재와 오브제 구매에 늘 망설이기만 했다. 글 또한 남에게 보일 만큼 다듬어진 작품도 없었기에 미루고만 있었다.

지난가을, 꿈인 양 지나가는 소리처럼 내 의도를 정서가 맞는 지인에게 얘기했다. 그런데 생각이 있으면 협조해 준다고 행동으로 옮겨 보라고 한다.

용기를 내어 계절은 봄으로 정하고 작품구상을 스케치하면서 겨울을 보냈다. 입춘이 지난 후 지인의 호출이다. 오브제 준비를 해 보았으니 보러 오란다.
　그의 집은 양주에 있다. 오랜 시간에 걸쳐 손수 꾸며놓은 수목원이다. 그 안에 사택이 있고 작업실과 카페를 겸한 갤러리와 온실도 있다.
　내가 하고자 하는 자연적인 작품에 어울리는 그런 곳이었기에 장소만 받아도 좋았다. 머릿속에 담아둔 오브제와 소재를 생각하며 그의 집으로 갔다.

　단정한 차림새로 뛰어나와 반갑게 맞이해준다. 그는 빠른 걸음으로 앞서 갤러리로 안내한다. 갤러리를 들어서는 순간 숨이 막혀오는 듯 격한 감동을 받았다. 내 속내를 빼놓지 않고 읽어주듯, 깔끔하게 정돈된 공간에 적당히 배열된 테이블, 그리고 평소에 못 보던 유리 용기와 오브제로 벌써 갤러리 안은 꽉 차 있었다.
　가슴 벅차오르는 기쁨과 감사에 눈이 젖어왔다. 그런데 그는 내가 기뻐하는 모습과 감사에 더욱 좋아한다. 대충 진열해보았는데 괜찮으냐고 부족한 꾸밈에 충고해보라고 한다. 막연하게만 생각되어 자신 없었는데 벌써 작품이 반은 된 것 같은 마음에 힘이 솟았다.

한 달 동안 작업할 계획과 사들일 식물, 재료들을 메모했다. 시간이 주어질 때마다 작업실을 찾았다. 때마다 미안함이 앞선다. 나름대로 서둘러 출발하여 도착하면 그는 새벽부터 산을 다니면서 그날 쓸 소재들을 물통 그득 담아 준비해 두는 것이다.

    나무든 꽃이든 가능한 자연의 소재를 사용하자면서 시들면 다시 꺾어와 물을 올려주고 경비 절감에도 온갖 신경을 써 주는 것이다. 작품이 하나씩 완성되면 서로 격려하면서 어느덧 예정했던 한 달이 지나고 마지막 마무리하는 날이 왔다.

    갤러리 안에 작품을 배열하고 카페 테이블장식도 했다. 그렇게 해놓고 보니 작품 촬영만 하기에는 좀 아쉽다는 생각을 하는데 그분이 의견을 묻는다. 너무 아쉬우니 가까운 지인들을 초대하여 작품도 보여주고 가든파티도 하면 어떻겠냐는 내 생각을 묻는다.

    이심전심 이라했나. 준비할 음식 분담을 하고 초대 명단을 각자 생각해 보기로 했다. 그러나 그동안의 준비에 기력이 다했는지 음식 준비가 버거웠다. 할 수 없이 격 없는 초대 손님에게 부탁을 했다. 선뜻 부탁에 응해준 손님들과 그날을 맞이했다.

    나는 떡을 준비하고 찰밥과 나물, 샌드위치, 과일은 초대 손님들이 준비해 주었다. 그분은 포도주와 과자, 화채를 준비 해 놓으니 근사한 파티 장소로 변했다.

  화기애애한 가든파티와 촬영을 마치고 모두 돌아간 뒤 갤러리를 돌아보았다. 작품 하나하나에 그의 배려와 손길이 보인다. 더 좋은 작품을 내기 위해 새벽이슬을 맞으면서 산을 타고 나뭇가지를 자르고, 돌아보다가 새로운 꽃이라도 피어 있다 싶으면 꺾어다 물을 올리고 시들면 다시, 매일같이 본인의 일처럼 그렇게 작품마다 마음을 주었다.
  40여 년간 꽃과 생활 하면서 맺은 가장 큰 자산이며 사랑이다. 뭉클한 마음을 진정하려고 기념사진 담아보자는 내 제의에 그분이 다가온다. 자신도 맘껏 정열을 쏟아 낼 기회가 주어져서 고마웠다면서 크게 벌린 양팔로 보듬듯이 안아준다.
  어찌 이렇게 넉넉한 마음을 가질 수 있을까. 그의 가슴에서 따스한 봄 향기가 난다. 가슴으로 전해지는 향기와 갤러리의 꽃향기가 내 마음에 깊이 스며든다.

도시락

 이른 아침에 주먹밥을 만들어 도시락에 넣는다. 틈새를 이용할 내 도시락이다. 지난달부터 며느리가 교양 교육을 주 일 회 받으러 다닌다. 좋은 프로그램이 있어 권유하였더니 흔쾌히 받아들였고, 그 하루는 손자를 돌봐 주기로 했다.

 팔 개월째 되는 아기는 옹알이도 하고 잘 웃어 너무 사랑스럽다. 자식보다 손자가 더 예쁘다는 말을 실감한다. 현관에 들어서면 앉아 놀던 아이가 쏜살같이 기어와 안긴다. 두어 시간 놀다가 잠투정을 한다. 자장가를 이십여 분 들려주다 보면 두 시간 정도 잔다.
 그 시간 안에 아들네 집안일을 찾아 해준다. 다 그러듯이 애 하나 키우면서 손길 가는 곳이 여간 많은 게 아니다 싶고 밤잠도 제대로 못 자는 며느리 안됐다는 생각에서 눈에 보이는 대로 살림을 해준다. 며느리 속내까지야 모르지만 그다지 불편해하는 것 같지는 않았다.

서둘러 청소도 하고 건조된 빨래도 정리 하다 보면 허기가 진다. 그러면 아기 깨기 전에 도시락을 먹는다. 처음엔 며느리가 준비해 놓은 과일이나 빵으로 점심을 해결하려 했으나 나이 탓인가 밥 한술이라도 들어가야 포만감이 들었다.
　물론 며느리도 밥을 해놓는다. 그러나 건강을 위한 잡곡이 많이 들어간 현미밥이다. 나는 소화력이 약해서 잡곡밥보다 도시락을 준비하기 시작했다. 넉넉히 싸 들고 가면 아들도 제 도시락에 덜어간다. 오늘도 점심거리를 준비하면서 예전에 싸던 도시락을 떠올린다.

　신혼 때, 남편이 예비군 훈련이라도 가는 날이면 새벽 4시에 일어나 김밥을 만들었다. 누드 김밥, 계란말이, 야채 김밥, 넉넉히 넣어주면 훈련 후 돌아온 남편은 그 도시락을 아주 고마워했다.
　그 후 두 아들 도시락을 준비할 때 사랑과 정성을 다해 싸고 손 편지 한 줄도 적어 도시락에 붙여주었다.
　소풍날이면 온갖 솜씨를 내어 여러 개의 도시락을 만들어 주면 선생님도 친구도 여럿이 잘 먹었다고 아들은 신나게 말한다. 그러면 그런 아들의 모습을 보면서 행복해했다.

나는 도시락을 자주 준비한다. 병문안을 갈 때나 남의 집을 방문할 때도 그저 과일이나 빵을 사는 것보다 반찬과 먹을거리를 만들어다 준다. 그러면 누구나 고마워서 보람도 느꼈다.

그런데 요즘 내 허기진 배를 채워줄 도시락을 준비하는 마음은 행복하지만은 않다. 넉넉히 넣어간 주먹밥을 아들도 먹이고 며느리의 한 끼 저녁을 해결할 수 있다는 기쁨이 가끔은 허한 미소에 덮인다.

요즘 세상이 다 그러려니 하면서도, 전에 내가 그랬듯이 시어머님이 오신다 하면 장을 보아 먹을거리를 준비하고, 혹시 빠진 게 없나 신경 써주던 것을 바라는 것은 아닌데, 왜 마음 한구석에 바람이 솔솔 불어오는지 모르겠다.

'오늘은 소원한 내 마음을 말할까? 어른이 어른스럽지 않다고 하지는 않을까? 그래도 한마디 해야지.' 그러다가도 막상 며느리 얼굴을 보면 입속으로 삼키고 만다.

며칠 전 그런 마음을 읽었나, 남은 주먹밥을 옮겨 담으면서 "엄마 미안해요, 힘드신데 집안일은 제가 할게요. 저녁 드시고 가요" 한다. 그 말 한마디에 잠시나마 벼르던 속내가 부끄럽다는 생각이 들었다.

하루의 노고가 녹는다. 딸이 없던 내게 딸 같은 며느리인데 무엇인들 이해 못 하나.

  돌아오는 차내에서 오늘도 서운함을 잘 참은 것에 감사하면서 빈 도시락을 다 잡는다. 그러나 가끔 심보가 울리는 것은 나도 역시 시어머니? 헛웃음이 나온다.

냉면과 어머니

　대나무처럼 곧은 성격, 세찬 풍파에도 휩쓸리지 않을 것 같았던 자태. 크고 당당하게만 보였던 친정어머니. 그 어머니의 자태가 세월 속에서 흔들리고 있다.

　오늘은 초복. 너무도 더운 날씨다. 점심은 무엇으로 먹을까? 하고 생각하다가 친정어머니를 떠올렸다. 유난히 냉면을 즐기는 분인데 하며 급히 다이얼을 돌렸다.
　전화선을 타고 들려오는 아직은 카랑카랑한 목소리. 점심이나 먹자는 내 제의에 어머닌 금방이라도 달려오실 기세였다. 그러잖아도 시원한 냉면 생각이 났다고 아마도 딸의 전화를 기다린 듯싶다.

서둘러 영등포역에 있는 L 백화점으로 향했다. 가끔 그곳에 있는 식당가에서 어머니와 밥도 먹고 쇼핑도 한다. 만남의 장소로 가다 보니 벌써 저 멀리 어머니가 서 계신다.

뭐가 그리 급하셨든가, 허둥대며 나오셨음이 역력했다. 뭔가 또 주섬주섬 챙겼는지 양손에 큰 가방도 보인다. 벌써 오셨어요? 하며 다가가는 내게 반색을 하며 손을 내민다.

푸시시 한 머리와 대충 차려입은 옷섶을 매만진다. 시원한 냉면 먹고 싶어 서둘러 나왔다고 딸에게 양해를 구한다. 냉면뿐 이었겠는가 뭐라도 챙겨다 주고 싶은 마음과 못난 딸을 빨리 보고 싶은 심경이 더 깊었으리라.

짐을 받아 들고 냉면집으로 들어가서 한갓진 자리로 앉았다. 가방을 내려놓으며 이게 다 뭐냐고 물으니, 하루를 보내는 시간이 지루하여 장사 하는데 가서 자리만 채워주고 받아온 판촉물들이라고 열어 보인다.

자질구레한 생활필수품들이 가득하다. 어머니는 살림에 보탬이 되었으면 하는 바람의 눈 맞춤을 한다. 다 필요했던 거라면서 어머니의 등을 어루만진다. 으쓱해진 어머니를 보며 냉면을 시켰다.

시원하다 하며 냉면육수를 꿀꺽꿀꺽 마시는 어머니의 목덜미로 국물이 흐른다. 얼른 물수건으로 닦아 드렸더니, 멋쩍은 웃음으로 "이젠 나도 늙었나 보다. 음식을 먹을 때 흘리고 떨어뜨린다. 말할 때도 더듬거리며 침도 튀기고 단어도 생각이 안 난다. 눈에서 눈물은 왜 자꾸 흐르는지 온갖 추태를 다 부린다."라고 말한다.

　세상에 둘째가라면 서러울 만큼 깔끔하고 단정하던 분이다. 집안이나 동네의 대, 소사 일 모두 어머니와 의논하여 큰일을 척척 해내었다. 그러던 분이 지금 딸 앞에서 세월의 무심함을 보여주고 있다. 눈치를 살피며 쉴 새 없이 입 주변을 닦으면서 눈물을 찍어낸다.
　'미안하다, 잘못했다.'라는 말은 자주 쓰는 게 아니라고 자신을 굳게 다짐한 성품으로 살던 분이다. 그랬던 분이 백년해로의 약속을 저버리고, 아버지께서 소천하자 한풀 꺾이는 걸 보았다.
　이어서 큰아들이 사업에 거듭 실패하여 가세가 기울자, 또 한 번 내려앉음을 보았다. 그리고 팔순에 가까워져 오고 기가 약해지니 이 딸에게 기대려 한다. 말년에 큰딸 '덕' 본다더니 내가 네 덕을 본다. 하며 건네 드리는 작은 봉투를 챙겨 넣는다.

잔병치레 하면서 자란 내게 어머니의 은혜는 말로 형용할 수 없다. 그런데 그저 이렇게 가끔 만나 밥 한 그릇 사드리고, 용돈 몇 푼 드리는 게 고작이다. 그러면서 자식으로서 할 도리를 한다고 안일한 생각으로 사는 이 우매한 딸에게 어머닌 고맙다고 한다.

　어머니에게 애잔한 정이 흐른다. 어머니의 손을 잡고 눈을 맞추면서 말한다. "말씀하실 때 더듬거리면 어때요. 음식을 드실 때 흘리고 떨어뜨려도 괜찮아요. 씻어도 고리타분한 냄새가 난들 또 어때요. 지금의 그 모습이, 그 냄새가 내 어머니인 것을.
　이렇게 더운 날 마주하여 시원한 면이라도 먹을 수 있는 이 시간이 소중해요. 언제까지나 더도 덜도 말고 그 모습으로 있어 준다면 우리 사 남매의 버팀목인걸요." 하는 말에, 어머니의 두 눈에서 골진 얼굴을 타고 이런저런 세상 풍파에 대한 서러움이 흐르고 있다.

　내 눈에서의 연민도 냉면 그릇으로 떨어지고 있다. 닦고 있던 물수건을 내 볼에 대어준다. 수건에서 어머니의 체액이 베인 냄새가 코를 자극한다. 그래 이 냄새. 바로 어머니의 냄새다.

크고 당당하게만 보이던 어머니. 세찬 풍파에도 꺾이지 않을 것 같았던 어머니. 그 자태가 세월 속에서 흔들리고 있다. 가는 세월을 막을 수 있겠는가. 그저 지금 그 어머니께 이 딸의 작은 어깨나마 내어주고 싶다는 생각뿐이다.

집 밥이 좋아

외식문화에 살지만 역시 집 밥이 좋지. 물리지 않잖아. 그 말 한마디로 손목에 파스를 붙인 채 상차림을 준비한다.

계속되는 더위로 입맛을 잃어 무엇에 한술 먹나 하고 있는데 영양가 있고 맛난 것 먹으러 가자는 지인의 전화를 받았다. 메뉴는 한정식이고 보고 싶은 얼굴 보자고 한다. 동행자는 나를 포함해 다섯이란다.

흔쾌히 대답하고는 외출준비를 하다가 잠시 고민을 했다. 한정식 가격은 얼마나 될까? 요즘 가정 경제도 너 나 할 것 없이 어려운데, 밥값을 내겠다는 지인도 손자 보느라 몸이 여기저기 아파 주말이면 병원에 다니고 있다는데.

더구나 그는 집 밥을 선호하는 사람이고 토속음식을 좋아한다. 외출 준비를 멈추고 냉장고를 열어 찬거리를 챙겨보았다. 냉동실, 냉장고에 있는 재료들을 꺼내보니 대충 한정식은 아니더라도 한 상 차려지겠다 싶었다.

전화했다. 더위에 나가는 것도 귀찮으니 집으로 왕래하는 것은 어떻겠냐고 의견을 물었다. 식사 후 콧바람 넣고 싶으면 생태공원이나 걸어보자는 제한도 함께했다. 잠시 후 모두 찬성했다는 전화를 받고는 마음이 바빴다.

마침 단호박 얼려 놓은 것이 있기에 죽을 끓이면서, 채소와 과일로 샐러드도 준비했다. 봄에 담가 둔 장아찌와 지난가을에 말렸다 삶아 둔 시래기와 가지볶음도 하고 고추 부각도 준비했다.

김치 서너 포기 꺼내어 들기름을 듬뿍 넣어 찜도 했다. 냉동실에 있던 녹두전도 데웠다. 국과 밥이 끓고 있는데 벨이 울린다. 참 시간도 잘 맞추어 온다면서 맞이했다.

한정식집은 아니지만, 기분은 느끼라면서 죽, 그리고 샐러드, 그렇게 순서대로 주면서 잘 드셔 달라고 살짝 애교도 떤다. 다들 점점 집안일이 귀찮아 대충 외식을 하거나 찬가게에서 사다 먹지만 그래도 집밥이 좋다고 맛나게들 먹는다.

남이 해주는 건 다 맛있다는 말에 힘입어 튀김옷을 서둘러 반죽하여 깻잎과 감자, 고구마튀김도 해내었다. 언제 이렇게 준비했냐면서 방문하길 잘했다고 집 밥이 최고라고 즐거워한다.

바쁜 생활을 하는 나로서는 싸고 싱싱한 나물들이 나올땐 넉넉히 사서, 삶아 냉동해 놓으니, 오늘같이 급하게 손님을 맞이할 땐 참 요긴하게 사용한다. 맛나게 먹어주는 모습에 늘 노곤함을 잊으며 오늘 같은 일을 반복한다.

그동안의 회포를 다 풀고는 남은 반찬들을 들려 보낸다. 물론 불편한 손을 보고 설거지는 다 해놓고 갔으나 뒷정리를 하는데 손목 통증이 느껴진다. 시끌벅적할 땐 몰랐는데 결국 밤새 앓았다.

다음 날 아침, 피곤한 몸을 일으켜 조반을 준비하는데 카톡이 바쁘게 울린다. 어제 다녀간 지인들이 저들마다 차려진 식탁을 촬영하여 보내왔다. 물론 거품을 잔뜩 넣은 칭찬의 글과 함께. 그 글을 읽노라니 온몸의 노곤함이 사라지는 듯하다.

아픈 손목을 어루만지면서 양해를 구한다. 조금만 움직이면 여러 사람이 즐거울 수 있고 절약도 되니 서로가 부담 없는 식사를 할 수 있지 않으냐. 어서 통증이 가라앉았으면 한다.

제 몸은 제가 아끼며 살라고 나를 사랑해 주는 지인들의 만류도 있다. 그러나 이렇게 삶고, 데치고, 볶고, 무치고, 지지고, 끓이고. 그러면서 행복에 젖는다.

넉넉히 준비해서 맛이 어떠하든 정성과 사랑을 담은 먹고 남은 반찬 들려 보내는 즐거움으로 그렇게 살고 싶다. 그것이 내가 사는 모양새다.

외줄 타는 호박

　창밖을 바라보는 마음이 애탄다. 손을 비비며 종종걸음으로 부산하다. 번개와 천둥소리 그리고 세찬 바람과 비. 감나무 사이에서 좌우로 흔들리며 외줄 타는 호박이 보인다. 두 덩이가 서커스를 하듯 서로 세차게 교차하며 줄을 탄다.

　봄에 감나무 옆에 호박을 심었다. 얼마 후 싹을 틔워 부지런히 타고 올라가더니 튼실하게 달렸다. 두었더니 누렇게 익어 나무 사이에 큰 달이 떠 있는듯하여 보기 좋았다. 언제 날 잡아서 따야지 했는데 기후가 참으로 나쁘다.

　오늘따라 태풍의 영향으로 바람이 세차다. 호박은 그네타기 대회 하듯 씽씽 흔들리고 있다. 손가락 굵기의 외줄에 매달려 있는 모습이 아슬아슬하다. 진즉 따서 놓았을 것을, 떨어져 깨지면 어쩌나 조급증이 난다. 밤새워 혹독한 훈련을 받듯 대롱 매달려 흔들거리던 호박이 새벽녘에서야 휴식을 갖는다.

아침에 나가보니 한 덩이는 언제 그랬느냐는 듯 대롱대며 빛에 제 몸을 반짝인다. 또 다른 큰 덩이 하나는 담 옆에 쌓아둔 풀 더미에 떨어져 있다. 길 가는 사람들의 발길을 멈춰 고개를 높이 들게 하여 제 모습을 자랑하더니 세찬 비바람에 떨어져 홀연히 앉아있다.

"에구! 제 몸을 못 이기고 줄을 놓았구나." 하며 호박을 내렸다. 줄을 놓지 않으려고 안간힘을 쓴 모습이 그려진다. 꼭지 끝이 찢겨 끊여져 있다.

아직은 온기가 남아있듯 꼭지에서 호박의 풋풋한 향이 난다. 골진 몸 사이로 빗물이 고여 있어 손바닥으로 쓱 닦아내어 들고 들어와 벽난로 앞에 앉혔다. 여름 장마에 밤톨만 하게 달린 것을 보았는데 덩그렇게 놓여있는 호박이 꽤 크다.

여름동안 호박 넝쿨이 뻗어 나가는 마디마다 꽃이 피고 열매가 여러 개 달렸었다. 따서 먹기도 하고 힘없는 것은 무더위를 못 이기고 떨어져 버리기도 했다. 그래도 끝까지 잘 버티고 자라서 높은 곳까지 올라가 빛을 받고 누렇게 잘 익어 있는 두 덩이가 결실의 뿌듯함을 주었다.

늦가을 잘 익으면 호박죽으로 동네 어르신들과 나눠야지 했다. 기대를 저 버리지 않고 무더위에 초록빛 옷을 입더니 가을이 되자 황금색 옷으로 갈아입었다.

  며칠 후 호박죽도 해 먹고 혹독한 훈련을 받은 상황을 들려주고 싶은 친구를 불렀다. 지난주에 만난 친구는 사는 게 힘들어 주저앉고 싶다는 얘기를 했다. 남편 없이 두 아이를 키우는 일이 여간 힘든 게 아니란다.

  세상 사람들이 바라보는 눈도 때론 따갑고 냉정해서 많은 외로움이 있다고 흔들리는 말을 했다. 외줄 잡고 다리를 건네는 기분으로 산다면서 마른 체구의 어깨를 흐느끼며 서럽게 울던 친구다.

  문득 밤새 외줄 타기 하다가 그만 힘에 부쳐 떨어진 호박과 잘 버티고 매달려있는 호박을 보여주고 싶었다.

  친구는 호기심 가득한 눈으로 이야기를 들으면서 호박을 안고 이리저리 쓰다듬어본다. 그러더니 외줄 하나에 큰 몸을 덩그러니 매달려있는 호박을 가리키며 '저것이 내 모습이야.' 한다.

마음이 회복된 그녀를 보니 기쁘다. 누구나 한 번쯤은 깊은 수렁에서 포기라는 단어와 사투를 벌이지만, 그렇게 생각한다. 그래도 이 땅 위에서 그 무엇도 인내할 수 있는 것은 우리 사람이라는 것을.

　몇 해 전 남편을 먼저 보내고 살아갈 용기가 없다던 그녀가, 이틀을 굶더니 육개장 한 그릇을 비우며, 이런 와중에도 목으로 밥이 넘어간다고 서럽게 말했다.
　그랬던 친구가 정말 사는 게 힘들다고 하더니 힘없는 줄이라도 잡고 살아낼 수 있으면 끝까지 포기하지 않고 잘 살아내겠다고 말한다.
　누구나 외줄 타는 마음으로 살아가는 인생이라지만 외줄 타다 제 무게를 못 이겨 떨어지는 호박, 우리는 그렇게 되지 말자고 서로의 손을 꼭 잡았다.

징검다리

 물속에 잠겨서도 아무 불만 없이 우리의 건널 다리가 되어주는 징검다리. 집안의 어른은 그 징검다리 역할을 하신다는 것을 이제야 느낀다.

 시댁 할머님이 소천하신 후 명절을 맞이했다. 할머님은 생전에 작은 시댁에서 기거 하셨기에 큰댁에서 차례를 지내고 나면 바로 아랫집인 작은댁으로 모인다.
 뒷설거지를 마친 며느리들은 지난 명절과 다르게 여유로운 시간을 갖는다.
 할머님이 생전에 계셨을 땐 점심 전부터 부산했다. 친지들의 발걸음이 많아 한쪽은 술상, 한쪽은 다과상, 또 한 쪽은 종친회를 하듯 빙 둘러앉아 담소를 나누었다.

분위기가 한층 고조되면 할머님은 한 줌 되는 몸을 무릎으로 끌고 나와 덩치 큰 증손자 옆에 앉으신다.

　그저 고개만 끄덕이며 화답을 하시는가 싶으면 우린 어느새 할머님 중심으로 얘기를 펼쳐 나간다. 그러다 이야기가 옛날로 돌아가면 할머님의 말문이 열리신다.

　연세답지 않게 낭랑한 목소리로 소녀 시절 기억부터 생생히 나열하신다. 일제강점기, 6.25사변, 앞집 뒷집 살았던 모습, 본인을 배경으로 이야기는 무지개 색깔로 변해간다.

　할머님 일생을 그린 드라마에 빠져 웃다, 울다 하면서 절인 다리를 뒤척이며 진지하게 듣다 보면 시간 가는 줄도 모른다.

　내가 결혼할 때 이미 할머님은 팔순이셨다. "목숨만 붙어있지 살아 있는 게 아니야, 얼른 가야 너희들이 편하지"라고 친지들만 만나시면 입버릇처럼 말씀하셨다.

　40대에 혼자되시어 육 남매를 키우시느라 모질게 살아 내셔야 했던 그분이시다. 대농을 거뜬히 해내시며 병원을 찾아보신 적이 없으실 정도로 건강하시고 단단하셨단다. 옛날 할머니 그 자체였지만 너무도 깔끔하시어 싫은 소리도 안 하시고 눈치도 참으로 빠르시다.

전에 이런 일이 있었다. 큰애가 유행하는 청바지를 입고 할머님께 인사를 갔다. 자꾸 큰애 입은 청바지를 만져보고 쓰다듬어보고 하셨다. 집에 돌아오려고 짐을 챙기는데 할머님이 나를 끌고 광 쪽으로 가신다.

그러더니 내 손에 무엇인가를 쥐어 주시면서 "얘야 애들 가르치느라 어렵지? 이걸로 애 바지 하나 사서 입혀라." 하는 거다. 그때 찢어진 청바지가 유행하던 시대였다.

지금 생각해도 웃음이 나오지만 손자들이 드리고 간 용돈을 돌돌 말아서 내 손에 꼭 쥐여 주신 할머님이다. 그러셨던 할머님이 몇 해 전 99세의 생신을 드시고 그해 가을에 노환으로 소천하셨다.

그러고 나서 오늘 모인 자리가 왠지 썰렁하다. 매년 오던 발걸음이 끊겨 식구가 적어지니, 우리 며느리들은 손을 놓고 있다.

점심 후 차량 사정도 있고 집안일도 있으니 서둘러 가자한다. 그때 슬그머니 작은어머님이 나가신다. 가겠다는 우리에게 무엇이라도 싸주려고 광으로 텃밭으로 분주하다.

언제나 그랬다. 내가 시집온 그때부터 봐온 작은어머님의 인심 좋은 모습이다. 저녁 먹고 가면 좋을 텐데, 하시며 이것저것을 담은 보따리들을 안겨준다.

"할머님이 안 계시니 발길도 뜸해지고 서둘러 가려 하는구나." 아쉬운 말씀으로 허전한 손을 잡으신다.

시간 되는대로 들르겠다는 우리에게 거친 손을 휘적휘적 흔들며 눈에 이슬을 맺는다.

작은 어머님은 30여 년을 넘게 할머님을 모셨다. 그동안 순한 일만 있었겠는가. 좋은 소리, 설은 소리 다 들으며 제대로 시집살이하신 분 중의 한 분이다.

손에 물이 마를 날이 있었겠는가. 상차림만으로도 힘겹고 분주했다. 그래도 싫은 내색 안 하고 늘 웃는 모습이었다. 그래도 할머님께 좀 더 잘해 드리지 못하셨다는 사려 깊은말을 한다. 그러기에 우리들의 발길은 부담이 없고 편하다.

그랬다. '살아있는 게 아니야.' 하시며 본인을 짐처럼 여기시려 했던 할머님이었지만, 우리 친지들의 만남을 연결해 주고 이야깃거리를 만들어 주셨다.

그러기에 작은 어머님은 할머님의 빈자리를 쓸쓸해 하신다. 그리고 지금은 할머님처럼 물속에 잠겨서도 아무 불만 없이 우리의 건널 다리가 되어주는 징검다리 역할을 마다치 않고 받아들이고 있다.

점점 각박해지는 세상을 살아가지만 작은 어머님이 계시기에 아직도 친지들과 모여질 수 있다. 그분이 있기에 우린 훈훈한 가족애를 느낄 수 있다.
  할머님에 이어 징검다리의 역할을 하시는 작은 어머님. 올겨울엔 따뜻한 양말이라도 사 들고 찾아봐야겠다. 그리고 나도 그분의 넉넉한 마음을 듬뿍 담아와 내 마음에 보탬을 해봐야겠다.
  작은 어머님의 가슴만큼은 아니더라도 흉내라도 내어 볼 수 있으면 하는 내게 바라는 마음이다.

그렇구나, 그렇게 보이는구나

    계속되는 무더위에 하루가 지루했다. 저녁에 아파트 공원이라도 돌아볼 마음에 밖으로 나갔다. 데리고 나간 강아지도 종일 집안에 갇혀 조급증이 났는지 앞서 달린다.

    단지 안 수로로 흐르는 물이 시원해 보인다. 그 물에 발을 담그고 물놀이를 하는 아이들에게 강아지가 다가서선 꼬리를 흔든다. 아이들이 나를 향해 "할머니 이 강아지 물어요?"라고 묻는다.

    나는 그 애들이 원하는 대답 대신 볼멘소리로 되물었다. "내가 할머니로 보이니?"라고. 그들은 서로 얼굴을 보면서 아주 작은 소리로 '할머니 아니세요?' 한다. 내가 말해 놓고도 우스워서 "물지 않는다." 건성으로 대답하고는 가던 길을 걸었다.

뒤에서 저들끼리 할머니가 맞는지 아느냐? 수군거리는 소리에 뒤태가 서늘하다. 더운 여름 저녁인데도 마음에 쓸쓸한 바람이 인다. 얼마 전 앓고 났더니 내가 봐도 수척해진 모습이 나이 들어 보였다. 나름대로 머리도 짧게 잘랐고 산뜻한 티셔츠를 입고 나갔건만, 그 애들 눈에 나는 할머니였다.

그래 난 손자를 본 할머니가 맞다. 속절없는 세월에 어느새 몸도 여기저기 저리고 잔주름이 얼굴에 수를 놓듯 많아졌다. 예전에 탓했던 친정어머니의 버릇과 행동도 닮아간다. 그러나 아직은 너무도 낯설게 들리는 호칭이다.

지난해, 며느리가 십여 년 전에 찍은 내 사진을 보면서 하던 말이 생각난다. '눈이 예전보다 많이 처져 작아졌다.' 라고. 그러면서 쌍꺼풀 수술을 하면 원래의 모습은 아니더라도 어느 정도 모양새 난다고 성형을 권유해왔다.

잠 잘 자고 기분 좋은 날은 괜찮아 보이고 기분이 안 좋고 잠도 설친 날은 내가 봐도 처진 얼굴이다. 며느리의 희망적인 말을 들은 후부터는 내내 거울만 보면 눈을 크게 떠 보이기도 하고 볼을 치켜 올려보기도 하면서 성형이라는 단어에 희망을 걸었다.

목표가 정해지면서 새로운 계획에 도전하는 기분을 갖게 되었다.

그러면서 날이 더우니 가을에, 가을엔 바쁘니까 겨울에, 그렇게 해 볼게 있다는 것, 그리고 젊어지는 모습의 상상만으로도 기분은 좋았다.
 그러던 중, 지난가을에 만났던 제자에게서 전화가 왔다. 반가운 마음에 쓴잔을 붓는다. 지난번 뵈었을 때 목소리는 여전한데 모습은 많이 왜소해지고 늙어 보였다고 한다. 그날따라 화장도 안 했고 이젠 나이도 있지 않으냐고 구차한 통화를 했다.

 이런저런 생각을 하다가 꼼꼼히 세수를 하고 거울을 보았다. 심란한 마음을 누르려고 에센스까지 바르고 볼을 두드려본다. 그래도 한때는 피부도 좋다, 예쁘다는 소리도 들어보았는데 그리고 청춘인 줄만 알았는데 마음뿐이었구나. 하는 아쉬운 마음을 만져준다.
 모습도 체력도 세월에 시들은 줄 모르고 살았다는 생각이다. 그러나 어쩌겠는가. 다시 젊은 모습을 되찾을 수도 없고 자연대로 살아야지. 꿈꾸던 성형에도 자신 없어 접어버린다. 건강이 최고지 이 나이에 젊어진들 뭐 하랴. 스스로 위로의 말로 쓰다듬어 준다.
 아무리 젊어 보이고 싶어 애를 써도 아이들은 '할머니 아니세요?' 그 말에 서늘해지는 가슴을 쓸어내리며, 그렇구나, 그렇게 보이는구나. 그렇다면 자연의 순리대로 살자. 할머니로 할머니답게 살아가야지 한다.

05
풍경

걸음아 걸음아

"버스 왔다. 어서 타자." 팔순이 넘은 친정어머니가 앞서 오르시며 서둔다. 결혼 30주년을 맞아 유채가 한창인 봄에 친정어머니와 함께 하라는 남편의 배려로 제주도 여행길에 올랐다.

딸과의 여행을 앞두고 어머니는 다소 흥분되었는지 준비물을 확인하고 손자가 여행 가방도 사 왔다며 자랑이다. 그도 그럴 것이 손자들 뒷바라지로 여행 한번 제대로 못 하셨으니 미리부터 기대도 큰 모양이다. 공항에서 만난 어머니의 모습을 보니 밤잠을 설친 모양이다.

제주공항에 내리면서 추억은 시작되었다. 일행과 버스를 기다리다 잠시 볼일 보고 화장실 앞에 나왔다. 어머니는 나를 보자마자 손을 꽉 잡더니 일행이 나갔다면서 출입문 쪽으로 간다.

얼떨결에 가다가 인원 확인도 안 하고 갔나 싶어 다시 되돌아 가보니 일행이 그대로 있다. 옆자리에 있던 단체가 나가는 걸 착각했던 것이다. 어머니의 손을 잡으면서 "앞으론 저 안내자만 쫓아가야 해요." 하며 다음 장소로 옮겼다.

학생들 수학여행 중이라 가는 곳곳마다 복잡하다. 열차를 타고 가는 코스엔 인산인해를 이루었다. 출구로 향해 바쁘게 가는데 어머니는 갑자기 팔을 확 잡더니 저쪽으로 안내자가 갔다고 끌어당긴다. "출구는 이쪽인데요" 하면서도 어찌나 꼭 잡은 손을 세차게 끌어당기는지 따라가던 중 안내자와 마주쳤다.

왜 이리로 오냐며 큰소리치면서 방향을 잡아준다. 정신없이 되돌아 뛰어서 문 닫히기 직전에 열차를 탔다. 놓치면 30분, 훅~! 하고 한숨 돌리며 "엄마 왜 그래요. 나를 따라와야지 뭘 보고 따라가느냐."라고 말하니. "네가 안내자만 쫓아가라 했잖아." 하신다.

가는 곳마다 북적이는 많은 사람 속에서 설명하고 챙기려 하니 힘들었다. 바쁜 일정을 마치고 호텔로 돌아와 짐을 풀면서 말이 없는 딸에게 어머니는 수다를 하신다. 오랜만에 오신 여행이 마음에 드신 모양이다.

신경 쓰이게 한 엄마에게 짜증이 난 이유일까? '세상 참 좋아졌다'라는 말씀을 뒤로하고 화장실로 들어갔다. 족욕을 하고 나오니 어머니는 벌써 잠든 모양이다. 기분 좋아하신 말을 뒤로 한 일이 마음에 걸렸다.

머리를 편히 눕히고 다리를 쓰다듬다 보니 무릎에 도배하듯 파스가 붙어있다. 걷는 게 괜찮으냐는 말에 끄떡없다고 앞서 걸으시더니……. 어지간해서 병치레도 없었는데 잦은 감기로 고생하고 무릎이 아프다고 했다.

그렇게 큰일도 서슴없이 하더니 세월에 장사 없다는 말이 어머니 무릎에 새겨져 있다. 따뜻한 수건으로 얼굴을 닦아 드리고 다음 날 일정을 보았다.

이튿날 아침, 어머니는 무릎 보호대를 하며 그래도 아직은 잘 걸을 수 있다는 게 좋다면서 다리를 이리저리 구부려 본다. 일행 중 어머니가 제일 노쇠하셨다. 연세가 들면 어린아이 같아지고 모든 지각에 빠르지 못함인가, 노파심이었을까? 일행들에게 잔소리도 하고 옷매무새까지 참견이다.

눈치가 보인 탓에 또 한마디 했다. "어머니 옷매무새나 신경 쓰라고." 말하는 딸 눈치를 살피며 팔짱을 끼고 깍지 손도 낀다. 창피하게 해서 미안하단다.

 특산물 가게를 갔다. 어머니는 무엇을 사야 할지 망설이면서 가격표만 확인한다. 옆집에서도, 작은딸과 손자도 여행경비를 주었다고 입속을 굴리며 말한다. 사위가 다 사드리라고 했으니 필요한 것 담으라는 말에 애처럼 좋아한다.
 그러면서도 선뜻 담지 못하고 사위 좋아하는 과일만 챙기는 어머니에게 연민이 느껴진다. 일정을 마치고 마사지 가게를 들러 숙소에 돌아온 어머니는, 사위 덕에 호강한다고 선물 보따리를 보며 웃음이 떠나질 않는다.

 다음날 무사히 즐거운 일정을 마치고 서울에 도착했다. 마중 나온 손자를 보더니 할 말이 많다. 얼른 들어가라 쉬라는 내 말에 고맙다면서 포개 잡은 손에 힘을 준다.
 그리곤 난 괜찮다, 다리 한쪽을 껑충 바닥을 치더니 손자 뒤를 바쁘게 따라가신다. 걸음아 걸음아 하면서.

마음의 재산

등기한 것이라야 내 재산이던가. 눈에 들어오는 산천도 마음에 담으면 든든한 자산이려니. 자연이 주는 어떤 시련에도 참고 기다릴 줄 아는 산. 그 누구도 거부하지 않는 넓은 가슴을 지닌 산. 그래서 오늘도 산에 오른다.

지리산 뱀사골을 산행했다. 정상에 올라 산자락을 내려다보면 눈이 머무는 곳이 있다. 그러면 그곳을 가슴속에 담아둔다. 오늘은 마음도 부자 되고 사계절을 하루에 다 만난 행운의 산행이다.
　일행과 산을 오르기 시작할 땐 계곡과 단풍이 어우러진 가을이었다. 계곡의 물 흐르는 소리에 리듬을 타며 산을 올랐다. 등줄기를 타고 흐르는 땀이 한 여름인 양 허리춤을 적셔온다.

몇 개의 다리를 건네고 계단을 한참이나 올랐을 때, 갑자기 선뜩함이 느껴지는가 싶더니 하늘에 먹구름이 몰리고 빗줄기와 우박이 쏟아진다. 쌩쌩 부는 바람에 몸은 휘청거려지며 겨울을 맞이한 것 같은 한기가 느껴진다.

  우리는 옷깃을 여미고 걸음을 재촉한다. 헉헉 대면서 화개재 밑 산장에 도달하니, 많은 등산객이 산장 안을 메우고 있다. 여기저기서 라면과 찌개 끓이는 냄새가 시장기를 부추긴다. 우리도 한 귀퉁이에 짐을 풀고 버너에 물을 끓였다.

  준비해온 도시락을 꺼내고 시린 손으로 컵라면을 감싸 쥐고 있으려니 손끝을 타고 오는 따뜻함에 온몸이 녹는다. 평소에 좋아하지 않는 라면이 산행할 때만은 더없이 고마운 먹을거리다. 춥고 노곤한 몸이 풀리자 화개재로 올랐다.

  가랑비가 내리고 세찬 바람이 불어 모자를 깊이 눌러쓰고 서로의 몸으로 의지해 산을 둘러보았다. 산허리를 내려다보려 하니 이젠 싸락눈이 앞을 가려온다. 산 아래를 내려다보며 크게 외쳐본다. '야~~호!'라고.

모든 걸 정복한 느낌, 내가 커 보이는 순간, 산을 올랐을 때 가질 수 있는 큰마음이다. 두 손안에 잡힐 듯 펼쳐지는 풍경에 눈도장을 찍는다. 이렇게 또 산 한 자락에 등기한다.

　건강을 위해 산을 오르기 시작했지만 오르면 오를수록 푸근함이 들고 무엇보다 변치 않는 꿋꿋함이 나를 숙연하게 만든다. 사계절을 맞으면서도 귀찮고 힘든 기색도 없이 그때마다 우리에게 감탄을 가져다준다.
　산을 타면서 삶의 지혜를 터득해 간다. 산과 물이 어우러져 있는 계곡에 흘린 땀을 선사하면서 정상에 오르는 성취감도 느끼고, 내려올 땐 조심을 더 하는 주의력도 키운다. 이런 산을 아이들에게 알려주고 싶어 마음 가는 곳이면 열심히 등기해둔다.

　세상을 살다 보면 모진 풍파 다 겪는 게 인생이다. 혹시라도 내 둘 아들에게 시련이 왔을 때, 어미가 좋아하던 산을 올라가 자연을 보라 할 것이다.
　정상을 오르면서 힘겨워도 포기하지 않는 힘도 키우고, 어둡기 전

내려올 시간까지 계산할 줄 아는 지혜로움도 갖게 해 주고 싶다.

  정상에서 아래를 내려다보며 자신의 위치도 돌아보고, 어떤 버거움도 참고 기다릴 줄 아는 산과 같은 꿋꿋함도 깨닫게 하고 싶다. 그곳에서 얻은 지혜로 세상을 힘차게 헤쳐 나가는 가슴 넓은 산처럼 살아가라 해주고 싶다.

  그래서 열심히 산에 눈도장을 찍고 마음에 새겨둔다. 다음엔 또 다른 산을 오를 것이다. 그때도 마음이 머무는 어느 산자락에 눈도장을 꾹 찍어 둬야지. 그리고 등기해둔 많은 마음의 재산을 아들에게 넘겨 줘야겠다.

공짜의 즐거움

 가을이다. 몇 해 전부터 행사처럼 해 오던 밤 줍는 날이다. 지인의 산인데 점심값 정도만 인사하곤 양껏 주어온다. 양천구 염창역 부근에서 만나 공주로 간다. 오늘 처음 동행하는 S는 고맙다고 좋아하는 빵 한 보따리를 안겨준다.
 늘 그랬듯이 난 점심밥을 준비하면 겹치지 않게 커피와 차, 과일과 떡, 빵과 과자 등등, 알뜰히 준비해온 음식을 펼쳐놓으면 만찬이다.

 이른 아침에 출발하여 산 입구에 들어서면, 차들을 세워놓자마자, 각자 눈여겨 둔 곳으로 사라진다. 다들 와 본 곳이라 저들마다 줍는 영역이 있다. 출발 전에는 너나 할 것 없이 엄살들이었다.
 허리가 아프니, 무릎이 시큰하고 어깨가 저리니, 몸살기가 있다면서 오늘은 먹을 만큼만 줍는다고 했다.

그랬던 이들이 반짝거리는 밤을 보는 순간부터는 아픔은 사라진 듯 손이 바쁘다.
　무릎이 아픈 C는 산 중턱에서, 허리가 아픈 K는 산 밑에서, 처음 온 S는 와! 하면서 감탄사를 연발하고, S는 마음만 앞서 이리저리 바쁘다. 그래도 주고 싶은 사람이 많다고 꽤나 열심이다.
　꼭 본인처럼 생긴 알밤을 찾아 줍는 또순이 언니는 모습이 보이지 않는다. 손이 빨라 다른 사람 보다 서너 배 더 줍는 왕언니는 벌써 산 위에서 '밤 자루 내려간다.'고 소리친다. 삼십여 분도 안 된 것 같다. 본인 말로는 고르지 않고 막 주워 담는다지만 여하튼 우리는 따를 수 없는 '밤 줍는 신'이다.

　서너 시간이 지나자 음식을 차려놓고는 밥 먹자고 소리친다. 알았다는 대답들은 하는데, 몇 번을 불러야 모습을 드러낸다. 모두 양손에 든 자루를 질질 끌어오면서도 허리를 굽혔다 폈다 한다.
　밥을 먹기 전 갈증으로 물을 두어 컵씩 들이키며 밤이 잘 열었다고 만족해한다.
　서둘러 먹고는 올 때의 마음과 다르게 나눌 사람이 많다고 더 주워야 한단다. 한 시간쯤 지나서 그만 마치자는 제안이 있고도 한 자루씩은 더 채워야 다들 모인다. 그리고 나서야 서로의 자루를 보며 만족한 마음으로 서울로 향한다.

각자의 집 앞에 내려주고 도착하여 밤 자루를 내려놓는데 낯선 밤 한 자루가 있다. 올라와 정리를 마친 후 주인을 찾았다.

넉넉히 주어간 인심이 보인다. 그냥 우리보고 먹으란다. '내가 주운 것도 많은데' 하면서도 내 속마음은 벌써 나누어줄 이름이 나열된다. 지난해에 나누지 못하여 마음 걸리던 사람들의 몫을 진다.

다음날 이웃들에게 한 봉지씩 전한다. 고맙다면서 들기름 한 병을, 한 집은 시골에서 올라왔다며 사과 한 바구니를, 감자와 고구마, 그리고 콩과 깨까지. 한 자루의 밤을 나누면서 받아온 농산물이 푸짐하다.

주어온 밤으로 겨우내 먹으면서, 나눔으로 이렇게 여러 가지를 얻을 수 있다는 공짜의 즐거움에 콧노래까지 나온다.

내년 가을에는 더 많은 밤을 주워 와야지. 그리고 또 내 차에 밤 한 자루 두고 내리는 사건을 기대해 볼까?

부끄러운 발길

　한여름 볕에 무성하게 자란 잡초가 부끄러운 발길을 가려준다. 고개 숙여 흘린 눈물도 발등 위로 숨겨지니 다행이다.
　추석을 앞두고 친정아버지 묘소를 찾았다. 사람 마음이 종이 장 뒤집듯이 가볍다 했나. 아버지 소천하셨을 땐 후회와 안타까움에 산소라도 자주 찾아가 볼 듯했는데 몇 해 만인가.

　집에서 김포 쪽으로 사십여 분, 그다지 멀지도 않은데 참으로 무심했다. 길 따라가다 보니 아파트와 큰 상가들이 많이 들어 서 있다. 어림잡아 들어선 길이 낯익다. 좁다란 길을 올라가니 옛집 모양 그대로 산지기 집이 보인다.

마당에 차를 세우고 안을 들여다보니 고요하다. 집 뒤의 제실을 돌아 아버지 묘소로 오르는데 길섶의 잡초들이 정강이까지 휘어 감는다. 무겁게 걷는 발을 덮어주니 오늘따라 무성한 잡초가 고맙다.
 묘소는 풍수지리에 밝았다는 집안 아저씨가 잡아주신, 빛이 잘 드는 남향 쪽에 자리해있다. 묘소 위에 풀들이 엉켜있고 듬성듬성 잔디도 말라 있다. 아직 벌초 전 이긴 하지만 주변이 심란하다.
 즐기시던 담배 한 대 불붙여 상석에 올려놓는다. 아버지께 할 말이 많았는데 죄송하다는 말조차도 그 어떠한 한마디도 못 하고 목만 메어온다. 그때 딸을 다독이듯 시원한 바람이 가슴에 불어와 닿는다.

 내 어릴 적 매우 아파 누웠던 한여름이었다. 진통으로 잠을 못 자고 있는 내게 아버지는 아픈 부위를 쓰다듬으면서 밤새 부채질을 해주셨다. 꼭 낫게 해 준다고 깊은 눈으로 말씀했다. 그러면 어느새 잠들곤 했다.
 그러했듯이 지금 솔솔 불어대는 바람으로 가슴 아픈 딸의 마음을 만져주고 있다. 등 뒤에서 툭툭 알밤 떨어지는 소리가 난다. 생전에 날밤을 좋아하셨는데, 하며 한 줌 주어 상석에 얹어 놓고 상념에 젖는다.

아버지는 사 남매(2남 2여)를 키우면서 한 번도 큰소리 내신 적 없었다. '구두쇠야 구두쇠' 어머니는 투정어린 말을 하셨지만, 명절 때면 가족 모두 데리고 나가 새 옷을 입히고 외식도 했다. 당신은 하루 두 끼로 그것도 가락국수 한 그릇으로 배고프지 않을 만큼 먹어야 통장이 불어난다고 그렇게 살았다.

그러나 자식들 뒷바라지만큼은 남에게 질세라 아낌없는 사랑으로 키웠다. 자식들한테 비빌 언덕을 만들어 줘야 살아갈 수 있는 세상이라면서 그렇게 모으신 재물 써 보지도 못하고 혈압으로 쓰러진 후 소천하셨다. 65세 되던 늦은 가을에.

그 후 동생의 거듭되는 사업 실패로 물려주신 부동산이 줄게 되었고, 그로 인해 사 남매 사이의 발길도 뜸해졌다. 부모님께서 주신 재물을 지키는 것도 효도라 생각한다. 그런데 동기간의 우의도 멀어진 느낌이니 이런 불효가 어디 있겠는가.

상석 밑에 서너 개의 타다 남은 담배가 눈에 뜨인다. 아마도 막냇동생이 한발 앞서 다녀간 모양이다. 한대 올려드리고 동생도 한 대 피어 물곤 한숨짓다 간 흔적이 보인다. 누구 탓을 하겠는가.

욕심내지 말고 주어진 그릇과 능력대로 사는 작은 행복을 놓지 말라고 당부하신 아버지 말씀대로 살았으면 좋았을 것을. 엉켜있던 풀들을 뜯어내며 속 풀이를 한다. 쏟아지는 눈물이 풀 속으로 숨는다.

　아픈 곳을 시원하게 부채질해 주듯이 바람은 간간이 불어온다. '괜찮아 내가 낫게 해줄게.' 바람결에 아버지의 음성이 들린다. 그때 용기가 생기는 기억이 떠오른다. 어릴 때 누나라고 언니라고 그래도 매주 지킬 계획을 적어주면 맡은 일을 잘해 내고 말 잘 듣던 동생들의 행동들이 눈앞에 펼쳐진다. 그랬었지 하면서 따뜻한 미소가 떠오른다.

　그래 재물 때문에 동기간의 우의가 없어진 일이 남의 일이 아니다. 우리의 책임이니 이번 추석엔 모두 모이라 해야겠다. 물려주신 재물과 부모님의 지침을 지켜드리는 것도 효도였는데 그것을 못 지켰으면 동기간의 우의라도 지켜야 하지 않았겠는가.
　이미 지나간 일, 없어진 것들을 다 잊기로 하자는 화해의 잔을 준비하자. 그리고 부끄럽지 않은 발길로 아버지 산소를 찾아가 약주 한 잔 따라드리자고 해야겠다.

풍경

    희끗희끗 새치가 보이기 시작한 여인들의 목소리가 떠들썩하다. 카페 안 모퉁이에 지는 해를 배경 삼아 빙 둘러앉은 모습이 한 폭의 풍경화다. 불혹의 나이 훌쩍 넘어 선 여인들이 남편과 아이들 얘기, 살아가는 일상의 얘기들로 해 저무는 줄 모른다.

    이웃사촌 4명과 인천 을왕리로 향했다. 유난히 피곤하고 우울해 하는 나를 위한 외출이다. 시원한 바람과 맑은 햇빛이 흐린 마음을 안아준다. 말문을 막으면 잊는다고 다투어 하는 소리가 귓전을 맴돈다. 평소에 별말이 없던 큰언니도 거들며 내게도 무슨 말을 해 보라고 툭 친다.

우리의 성향은 매우 다르다. 인연을 맺은 지 20여 년이 넘은 정 언니가 있다. 넘치지도 모자라지도 않게 배려하는 행동과 말이 같은 사람이다.

    그리고 십여 년 전에 만난 큰언니가 있다. 신사임당이라는 별명을 붙일 만큼 언제나 다소곳함으로 앞에 있는 사람까지 요조숙녀로 만드는 사람이다. 언행과 행동이 지금까지 한 번도 그 모양새가 흐트러짐을 본 적이 없다.

    또 한 사람, 언제나 담백하고 좋은 기분을 안겨주는 상큼한 여인 K, 만나면 기분 좋은 동생이다. 그리고 분명 언니이긴 한데 보호 본능을 느끼게 하는 J, 정이 많아 꾸벅꾸벅 졸면서도 노인들의 얘기를 지성으로 들어주는 여인이다.

    그리고 오늘 참석하지 못한 L과 B 언니가 있다. 그들은 기쁨과 아픔을 가슴으로 안아주는 자신의 일부라 해도 과언이 아닐 듯싶다.

    어느덧 목적지에 닿았다. 점심으로 주꾸미 샤브샤브와 바지락 칼국수를 먹었다. 격식 없이 차려진 소박한 상차림이 입맛을 더욱 돋워주었다. 낙조대 카페로 자리를 옮겼다. 바닷가가 확 트여 보이는 창가 쪽으로 자리했다.

차를 마시기 전 테라스 바깥쪽으로 갔다. 아직 벚꽃이 지지 않았고, 소나무와 어우러진 바위와 바다와의 풍경을 배경 삼아 사진도 찍었다. 어느새 여고 시절의 모습으로 돌아간 듯 깔깔거리면서 쌓인 찌꺼기를 다 쏟아 내 버리자면서 이곳을 안내한 정 언니께 감사의 말도 잊지 않았다.

    안으로 들어가 커피를 즐기지 않는 나는 케이크 한 조각, 그들은 차와 아이스크림을 주문했다. 아이스크림을 한 입 먹던 큰언니가 입가에 묻힌 크림을 멋쩍게 닦아낸다.

    케이크 한입 물고 얘기를 하던 정 언니는 튀어나온 케이크 조각을 손으로 집어내며 민망해한다. 손짓하며 얘기하던 J는 물 컵을 건드려 탁자에 흐르자 당황한다. 막내 K는 빠르게 물을 닦아내며 왜들 이러냐고 세대 차이 난다고 예쁜 타박이다.

    행동보다 마음이 앞선다. 급해지고 말도 많아지고 목청도 커졌다. 남의 말을 자르고 내 말부터 앞서 말하는 교양까지 저당했다고 까르르 웃음으로 민망함을 덮는다. 말할 때 더듬거리고 침도 튀기며 아줌마의 본색을 드러낸다면서 나이 탓으로 합리화한다.

    그 모습에서 인간미를 느낀다. 남의 얘기하면 교양 없어 보일까 봐

풍경 195

조심하고 예의를 갖추어 서로들 눈치 보던 시절이 있었는데 오늘은 그 격식이 없다. 살아가는 모습을 있는 그대로 수채화 하듯이 그 카페의 유리창에 그리고 있다.

　멀리 보이는 바닷속으로 눈부셨던 해가 녹아 들어간다. 그 앞에 희끗한 새치가 있는 여인들이 앉아있다. 창밖의 바위와 소나무가 어우러진 그녀들과의 수다를 그린 풍경화를 내 마음에 소중히 담는다.

머피의 법칙에 걸려

오랜 친구와의 여행. 두 부부와 두 여인이 제주도 여행길에 올랐다. 저렴한 경비로 보람된 여행을 위해 주중의 날을 받았고, 첫 비행으로 갔다가 마지막 비행으로 돌아오는 알차고 계획적인 여행이었다.

팀을 이끌게 되었다. 우리 부부는 새벽에 일어나 모닝콜을 해주고 서둘러 공항으로 갔다. 그러나 더 부지런한 부부가 벌써 도착해 있었다. 차편이 여의치 않았던 천호동에 사는 언니도 도착했다.

그런데 걱정 하지 말라고 큰소리치던 L 친구가 늦어진다. 전화해 보니 도착시각이 불안하다. 중간에 택시 타고 오라는 말에 그녀는 느긋하다. 항공권을 받아둔 우리부터 들어가라는 안내자의 말이 있었지만 기다렸다.

십 여분 늦은 친구의 항공권을 받으려니 마감되어 안 된단다. 남편의 큰소리가 공항을 울린다. 억지를 부려 받아들고 올라가니 출구는 인산인해를 이루고 있다. 뛰고 달리고 비행탑승을 하려고 했더니, 벌써 제주비행이 출발했단다.

우린 탑승권만 발급되면 십 분 정도는 기다려 줄 거라는 안일한 생각을 서로 했다. 필요 없는 투정과 불만을 잘못 없는 안내원에게 쏟아낸다. 감정을 추스르고 안내를 따라 내려와 대기번호를 받았다.

 늦어서 미안하다고 아침을 산다는 L 친구의 권유로 식당으로 갔다. 식사 중 여기저기서 잘 도착했냐는 가족들의 메시지가 온다. 비행을 놓쳤다는 말에 자녀들의 비난과 위로의 글이 다투어 날아든다.
 두 시간 기다렸더니 한자리. 처음으로 가보는 제주여행이라고 밤잠도 못 이룬 부부 중 남편을 보냈다. 그리고 한 시간 후 또 한자리. 부인을 보냈다. 의자에 앉아 눈도 감아보고 따뜻한 차도 마셔보고 화장도 고쳐보고 그렇게 기다렸다.
 속들은 타왔지만 서로 말을 아낀다. 핸드폰만 만지작거리다 제주에서 해후한 부부와 통화를 했다. 현실을 받아들이면서 여유 있는 웃음으로 다음 대기를 기다렸다.
 한 시간 후 두 여인을 보내고 오후 비행에 우리 부부가 탔다. 모두가 다 제주공항에서 만난 시간은 오후 2시가 넘어서다. 차를 빌리고 늦은 점심을 먹고 일어서려니 벌써 지친 모습이다.

첫 비행으로 도착하여 아침을 먹고 한 코스 구경하고 점심 후 숙소로 가기로 했는데 모두 공항에서의 기다림에 지쳤는지 숙소로 가자 한다. 짐을 풀고는 저녁도 마다하고 쉬었다.

　친구의 십분 지각으로 인해 하루의 일정을 공항에서 보냈지만, 하하대며 수다를 떨어대는 그녀를 보면서 우리도 웃는다. 참 속도 좋다 하면서 그의 속내는 많이 미안해할 것이라고 이해로 푼다.

　다음날, 흐린 날씨였지만 감귤 박람회도 가보고 계획에 있는 장소를 부지런히 둘러보았다. 첫 여행인 부부와 회갑을 맞은 선배를 위해 맛집도 찾아보고 알차게 곳곳을 구경했다. 사흘 동안의 여행을 마치고 제주공항으로 향했다.

　출발할 때의 기억이 있어서 우리는 세 시간 전에 도착했다. 면세점을 돌아보고 차 한 잔의 여유까지 가졌다. 시간이 다 되었으니 들어갈 준비하자는 남편의 말에 자리에서 일어섰다.

　그때 L 친구가 당황한 말로 탑승권이 없어졌다는 것이다. 분명 주머니에 넣어두었고 자리에서도 서너 번 확인했단다. 서둘러 물건 샀던 자리를 돌아보고 의자 밑을 뒤지는 소동을 벌였다.

그러나 탑승권은 없었다. 빠르게 재발급을 받아 뛰어들어갔다.
　다행히 자리를 잡고 앉았다. 마음이 바쁘고 초조했던 탓인지 우리는 친구에게 한마디씩 한다. 친구도 놀랐는지 얼굴이 하얗게 질려 있다. 비행이 되자 안도의 숨을 쉬면서 허탈한 웃음을 보인다.

　김포공항에 도착하여 즐거웠다는 말을 나누며 막차 놓친다고 바삐들 헤어졌다. 돌아오는 차내에서 아무래도 또 L 친구가 걱정되어 전화했다. 분당 가는 버스 잘 탔느냐고 물었다.
　"타는 곳을 잘못 알아서 막차 놓쳤어. 근처 가는 버스 타고 가는데 남편이 나온다 했어. 깔깔깔"

두더지 게임

오랜만에 두더지 게임을 했다. 여기저기서 다투어 튀어 오르는 모형 두더지 얼굴을 반시간이 지나도록 망치로 힘껏 두드렸다. 팔과 어깨가 뻐근하긴 해도 답답하던 가슴이 한결 시원해졌다.

얼마 전 바로 아래동생의 교통사고로 한동안 애를 태웠다. 겨우 한시름 놓을 무렵 막냇동생이 직장을 그만두었다는 연락이 왔다. 걱정으로 밤잠을 설치고 착잡한 마음을 애써 누르고 있는데, 출근하려던 남편이 돌아오는 주말, 집안에 중요한 행사가 있다며 꼭 동행해야 한다고 말한다.

예고 없이 통보한 행사다. 한 달 전부터 중요한 모임이 잡혀 있다고 남편에게 양해를 구했지만 막무가내다. 맏며느리가 집안일에 불참하면 도리가 아니라며 내 계획을 변경하라 말하고는 나가버린다.

늘 그랬다. '맏며느리, 맏딸' 이 벼슬 같지 않은 감투 때문에 내 의지와는 상관없이 살 때가 많다. 남편은 잔치, 모임, 제사와 같은 집안의 대소사를 매우 중요시한다. 가화만사성을 생각해서 늘 그 뜻을 존중하며 따르지만 거두절미하고 요점만 말하는 남편의 언행이 오늘따라 몹시 서운하다.

　매사에 마음과 손이 따라주지 않을 것 같아 일과를 접어버렸다. 그리고 집을 나와 김포 쪽으로 가는 버스를 탔다. 한참 가다가 낯선 곳에서 내렸다. 한적한 곳에 꽃을 재배하는 비닐하우스들이 즐비하다.

　이곳저곳 기웃거리며 여러 가지 꽃들을 구경했다. 꼭 필요하진 않았지만, 손님 없는 썰렁한 화원에서 눈요기만 하는 것이 미안하여 작은 화분 두 개를 샀다.

　화를 참은 탓인지 갈증이 났다. 길 건너 작은 가게에서 음료수 한 캔을 사서 마시며 둘러보니, 가게 입구에 두더지 게임기가 보였다. 예전에 아이들과 가끔 두들겨 보던 게임기였다.

　동전을 넣으면 여러 곳의 구멍에서 두더지 형상의 얼굴들이 튀어나온다. 그때 방망이로 힘주어 내리쳐 두더지 얼굴이 들어가면 점수가 오르는 게임이다.

그래 두더지게임을 하자. 여기저기서 튀어 오르는 두더지를 정신을 집중해 힘껏 두들겼다. 이곳을 치면 옆에서, 옆을 치면 뒤에서, 뒤를 치면 앞과 옆에서 그것도 어설프게 치면 다시 튀어나온다.
 나름대로 열심히 두들겼는데 점수가 만족스럽지 않았다. 마치 내 인생처럼. 남은 음료를 마시면서 이마에 흐르는 땀을 닦았다.

 지난날을 뒤돌아보면 한숨이 절로 나온다. 거듭되는 불운은 한때 나를 천길 벼랑으로 내몰았다. 대학에 다니던 남동생 막내가 오토바이 사고를 당해 사경을 헤매자 그 충격으로 친정아버지께서 쓰러지셨다. 곧 깨어나시리라 믿었는데 결국 돌아가시고 말았다.
 만혼(晚婚)으로 낳은 딸이라고 나를 끔찍이 사랑해 주셨던 아버지의 갑작스러운 별세는 참기 어려운 아픔이었다.
 채 정신을 차리기도 전에 남편마저 사업에 실패하고 휘청거렸다. 날마다 채권자들의 빚 독촉이 빗발쳤다. 그런 와중에 또 시아버님께서도 췌장암 수술을 받았다. 엎친 데 덮친다 하더니 연이어 크고 작은 사건 사고가 꼬리를 물고 이어졌다. 마치 두더지 게임기처럼.

연초에 새 달력을 받으면 날짜에 동그라미와 작은 글씨로 빼곡히 메모한다. 시댁과 친정 어른들의 생신과 경조사, 그리고 명절과 기제사 이 모두가 내 책임이다. 조금만 소홀하면 자책(自責)의 여운이 한동안 가시지 않는다. 그래서 대소사를 가리지 않고 때가 되면 늘 초조하고 마음이 조마조마해진다.

나는 집안일 외에도 flower design 기법강의, 요리강의, 작품 주문 등으로 늘 분주하다. 그 때문에 잠을 줄이고 시간을 보다 효율적으로 활용하면서 가사와 사회생활에 최선을 다한다.

하지만 가끔 오늘같이 남편이 내 일정을 아랑곳하지 않고 일방적으로 따르라 하면 뜨거운 덩어리가 목을 메운다.

나름대로 맏이의 책임을 다하려 했고, 가정의 화목을 위해서 인내와 양보를 미덕으로 삼고 살아왔다. 그러나 오늘은 그동안 쌓인 스트레스와 불만 때문인지 화가 쉽게 풀리지 않는다. 그나마 두더지게임을 하고 나니 기분이 다소 가벼워졌다.

앞으로도 많은 일이 줄지어 기다리고 있다. 때때마다 최선과 타협하겠지만 늘 걱정이 앞선다. 힘닿는 데까지 하다가 또 오늘같이 화가 나면 그때도 두더지 게임기 앞에서 마구 두드려보련다.

맑고 밝고 투명한 삼색의 조화미

— 오창익(創作隨筆 발행인)

　수필문학가 신윤선 님은 꽃에다 또 꽃을 더하여 보다 우아한 꽃동산을 창출하는 저명한 '화훼 디자이너'다. 현장과 교육장을 바쁘게 오르내리는 화훼 전문가다. 해서, 그의 문학에는, 아니 자기 일상을 주 소재로 하는 그의 수필에는 맑음에다 또 맑음을 더하여 자기 현실을 씻어내는 '보다 맑은 순수회복'이 있고, 밝음에다 또 밝음을 더하여 자기 삶의 의미를 관조하는 '보다 밝은 진실'이 있다.

　때로는 그 맑고 밝음에다 투명함을 더하여 깊숙한 내공을 드러내 보이는 '보다 인간적인 솔직함'마저 있다. 그래서 그의 수필 행간에서는 늘 포근한 삶에의 공감과 뜨거운 감동이 묻어난다.

그러니까, 그의 수필을 한 마디로 압축해보면 순수와 진실, 솔직함을 기조로 하여 자기 삶을 맑고 밝고 투명하게 아우른 '三色의 調和美'라고 할 수 있다. 그 조화의 미, 즉 주어진 소재를 자기화하고, 나아가 그에 물아일체(物我一體)로 동화(同化)함으로써 그를 자기다운 의미로 새롭게 창출하는 장르가 창작수필이라면, 그는 분명 우리 고유문학의 맥을 잇고 전승하는 귀한 문인이다.

아니, 소중한 창작수필문학가다. 따라서, 작가 신윤선 님이야말로 지식에다 늘 지혜를 더하여 '꽃장식처럼' 조화미를 창출하는 '보다 우아한 삶의 디자이너'다.

꽃 한 송이,
그 향기에도 행복했다

인쇄 2017년 5월 8일
발행 2017년 5월 12일

지 은 이 신윤선
펴 낸 이 유의선
디 자 인 박효은
사진촬영 도서출판 세이
펴 낸 곳 도서출판 세이
　　　　　서울시 서초구 동산로12길 9 위더스빌딩 B1
　　　　　전화 02.3444.1522　팩스 02.3444.1523
　　　　　www.sayflory.com

이 책은 저작권법에 의해 보호를 받는 저작물이므로
서면에 의한 저자와 출판사의 허락없이
내용의 일부를 인용하거나 발췌하는 것을 금합니다.

ISBN 978-89-94788-26-5 03810

값 22,000원